이화 한국어

참고서

STUDY GUIDE

이화여자대학교 언어교육원
Ewha Womans University
Ewha Language Center

이화 한국어 참고서

박진철 · 이소연 · 이승은 지음

English Version

3-1

EPRESS

이화 한국어 참고서 3-1 (English Version)

지은이 박진철 · 이소연 · 이승은

펴낸날 1판 1쇄 2016년 3월 4일
3쇄 2025년 3월 5일
펴낸이 주소현 **펴낸곳** 이화여자대학교출판문화원
주소 서울특별시 서대문구 이화여대길 52(우 03760) **등록** 1954년 7월 6일 제9-61호
전화 02) 3277-2965(편집), 02) 362-6076(마케팅)
팩스 02) 312-4312 **전자우편** press@ewha.ac.kr **홈페이지** www.ewhapress.com

번역 최윤영 · 조윤정 **감수** 홍영예 **진행** 김현진 · 정누리
책임편집 이혜지 **디자인** 김리영

ISBN 979-11-5890-144-8 18710
978-89-7300-875-9 (세트)
값 10,000원

* 잘못된 책은 구입처에서 바꾸어 드립니다.

» Contents

Table of Contents

Contents

How to Use This Book

『이화 한국어 참고서 3-1』 is a study guide for Korean-language learners, accompanying the textbook 『이화 한국어 3-1』. This study guide contains detailed explanation of the grammar, vocabulary and expressions used in the Preparation(준비합시다), Listening(들어 봅시다), Speaking(말해 봅시다), and Reading(읽어 봅시다), Vocabulary Expansion(어휘를 늘려 봅시다) sections of each unit. Additionally, the scripts for the Listening(들어 봅시다) and the dialogues for the Speaking(말해 봅시다) sections have all been translated into English.

준비합시다

Grammar Focus

Grammar points are clearly explained with morphological information in the table below, helping students to understand the usage of grammatical structures and various irregular forms. Adjectives are marked as A, verbs V, and nouns N. In addition, various examples are given to demonstrate grammar in use.

Focus Plus

More detailed explanations of grammar are given such as the constraints of certain forms or differences with other similar grammatical structures, to help students to reduce errors in using grammatical structures.

Answers

Answers to the exercises in the textbook are given. Students can check the correct answers for themselves.

Tell me

Information that is crucial for the study of Korean is given in Q&A form.

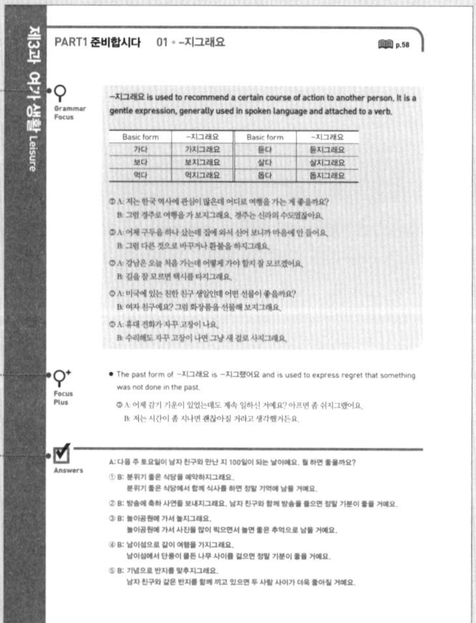

제3과 여가 생활 Leisure

PART1 준비합시다 01 • -지그래요 p.58

Grammar Focus

-지그래요 is used to recommend a certain course of action to another person. It is a gentle expression, generally used in spoken language and attached to a verb.

Basic form	-지그래요	Basic form	-지그래요
가다	가지그래요	듣다	듣지그래요
보다	보지그래요	살다	살지그래요
먹다	먹지그래요	돕다	돕지그래요

ⓔ A: 저는 한국 역사에 관심이 많은데 어디로 여행을 가는 게 좋을까요?
B: 그럼 경주로 여행을 가 보지그래요. 경주는 신라의 수도였잖아요.

ⓔ A: 어제 구두를 하나 샀는데 집에 와서 신어 보니까 마음에 안 들어요.
B: 그럼 다른 것으로 바꾸거나 환불을 하지그래요.

ⓔ A: 강남은 오늘 처음 가는데 어떻게 가야 할지 잘 모르겠어요.
B: 길을 잘 모르면 택시를 타지그래요.

ⓔ A: 미국에 있는 친한 친구 생일인데 어떤 선물이 좋을까요?
B: 여자 친구예요? 그럼 화장품을 선물해 보지그래요.

ⓔ A: 휴대 전화가 자꾸 고장이 나요.
B: 수리해도 자꾸 고장이 나면 그냥 새 걸로 사지그래요.

Focus Plus

- The past form of -지그래요 is -지그랬어요 and is used to express regret that something was not done in the past.

ⓔ A: 어제 감기 기운이 있었는데도 계속 일하신 거예요? 아프면 좀 쉬지그랬어요.
B: 저는 시간이 좀 지나면 괜찮아질 거라고 생각했거든요.

Answers

A: 다음 주 토요일이 남자 친구와 만난 지 100일이 되는 날이에요. 뭘 하면 좋을까요?

① B: 분위기 좋은 식당을 예약하지그래요.
분위기 좋은 식당에서 함께 식사를 하면 정말 기억에 남을 거예요.

② B: 방송에 축하 사연을 보내지그래요. 남자 친구와 함께 방송을 들으면 정말 기분이 좋을 거예요.

③ B: 놀이공원에 가서 놀지그래요.
놀이공원에 가서 사진을 많이 찍으면서 놀면 좋은 추억으로 남을 거예요.

④ B: 남이섬으로 같이 여행을 가지그래요.
남이섬에서 단풍이 물든 나무 사이를 걸으면 정말 기분이 좋을 거예요.

⑤ B: 기념으로 반지를 맞추지그래요.
남자 친구와 같은 반지를 함께 끼고 있으면 두 사람 사이가 더욱 좋아질 거예요.

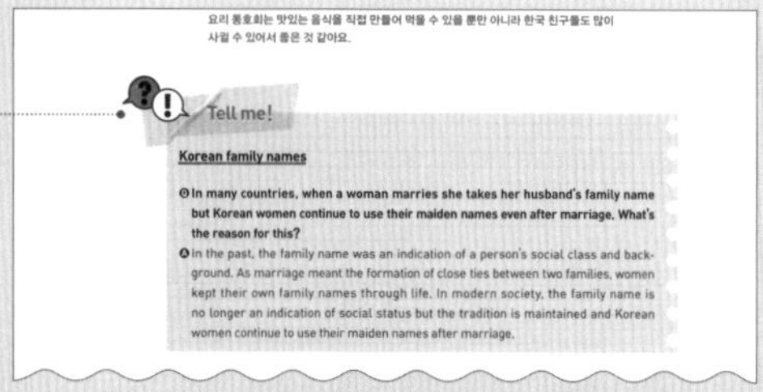

요리 동호회는 맛있는 음식을 직접 만들어 먹을 수 있을 뿐만 아니라 한국 친구들도 많이 사귈 수 있어서 좋은 것 같아요.

Tell me!

Korean family names

ⓠ In many countries, when a woman marries she takes her husband's family name but Korean women continue to use their maiden names even after marriage. What's the reason for this?

ⓐ In the past, the family name was an indication of a person's social class and background. As marriage meant the formation of close ties between two families, women kept their own family names through life. In modern society, the family name is no longer an indication of social status but the tradition is maintained and Korean women continue to use their maiden names after marriage.

들어 봅시다 / 말해 봅시다 / 읽어 봅시다 / 어휘를 늘려 봅시다

Vocabulary & Expression

Detailed explanations of meaning and usage are given for words and expressions that are useful in daily life. Various examples are given to increase students' understanding.

Script/Dialogue

The text for the Listening(들어 봅시다) and Speaking (말해 봅시다) sections in the textbook have all been translated into English to help students easily understand the contents.

Answers

Answers to the questions in the Listening(들어 봅시다) and Reading(읽어 봅시다) sections are given along with explanations that will help students to confirm their knowledge and understand the contents.

PART1 들어 봅시다 망설이는 이유 듣기 p.20

Vocabulary & Expression

괜찮은 시간

괜찮은 시간 means ***a convenient time***. It refers to the time one is available to do something.

예 A: 김민수 과장님, 회의 내용을 보고 드리려고 하는데 잠시 괜찮으세요?
B: 지금은 좀 바쁘니까 나중에 다시 보고해 주시면 좋겠어요.
A: 그럼 괜찮은 시간을 말씀해 주시면 그때 다시 오겠습니다.

Script

(1) Akira: Sujin, have you enrolled in your classes yet?
Kim Sujin: No, not yet. I want to take Korean Literature, but I'm hesitant. It might be too hard.
Akira: Why don't you ask someone who's taken the class before, so you can find out more about it? You can decide after you find out what the teacher is like, and how much homework there is.
Kim Sujin: You're right. That sounds like a good idea. I can ask someone who took the class last year.
(2) Yuki: My roommate works on the computer till late every night and I can't sleep. It's really annoying.
Jason: That sounds bad. You should complain to your roommate directly.
Yuki: I can't. I'm worried that we'll be on bad terms afterwards.
Jason: Try to explain in a way that won't be taken the wrong way. When you have a problem, I think the best thing is to talk with your friend and settle the matter.
(3) Huong: My parents are having a hard time paying the tuition. So I'm going to apply for a scholarship this semester.
Haoming: Good. I hope you get it and make your parents happy. But don't you need a recommendation from the teacher to apply for a scholarship? Did you get a letter of recommendation?
Huong: No, I haven't discussed it with the teacher yet. I'm hesitant to go to his office because he seems really busy these days. I don't want to disturb him.
Haoming: Then why don't you email the teacher first and ask what time would be convenient?
Huong: You're right. I should do that.

Answers

(1) ① The woman wants to study Korean Literature but is hesitant to enroll because she is worried the class might be too difficult.
(2) ② The woman is hesitant to complain to her friend because she is afraid that doing so will put them on bad terms.
(3) ④ The woman is hesitant to go and ask the teacher for a recommendation for fear of disturbing him, considering that he is so busy.

제1과 유학 생활 Overseas Student Life • 13

Reading Guide

The types of reading texts are presented to help learners better study the Reading(읽어 봅시다) section, together with a guide to the learning focus.

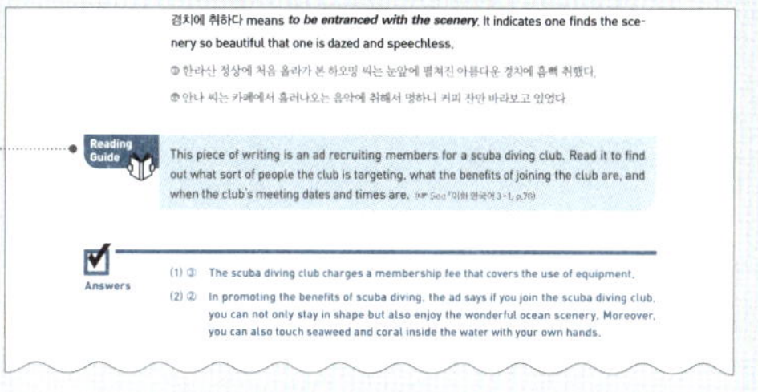

경치에 취하다 means ***to be entranced with the scenery***. It indicates one finds the scenery so beautiful that one is dazed and speechless.

예 한라산 정상에 처음 올라가 본 하오밍 씨는 눈앞에 펼쳐진 아름다운 경치에 흠뻑 취했다.
예 안나 씨는 카페에서 흘러나오는 음악에 취해서 멍하니 커피 잔만 바라보고 있었다.

Reading Guide

This piece of writing is an ad recruiting members for a scuba diving club. Read it to find out what sort of people the club is targeting, what the benefits of joining the club are, and when the club's meeting dates and times are. (☞ See 『이화 한국어 3-1』 p.70)

Answers

(1) ③ The scuba diving club charges a membership fee that covers the use of equipment.
(2) ② In promoting the benefits of scuba diving, the ad says if you join the scuba diving club, you can not only stay in shape but also enjoy the wonderful ocean scenery. Moreover, you can also touch seaweed and coral inside the water with your own hands.

Vocabulary Expansion

Meanings of affixes and collocation introduced in each unit and sample sentences are presented.

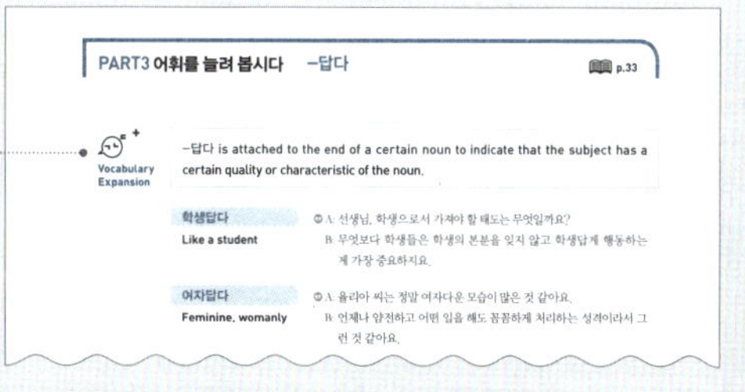

PART3 어휘를 늘려 봅시다 –답다 p.33

Vocabulary Expansion

–답다 is attached to the end of a certain noun to indicate that the subject has a certain quality or characteristic of the noun.

학생답다
Like a student

예 A: 선생님, 학생으로서 가져야 할 태도는 무엇일까요?
B: 무엇보다 학생들은 학생의 본분을 잊지 않고 학생답게 행동하는 게 가장 중요하지요.

여자답다
Feminine, womanly

예 A: 율리아 씨는 정말 여자다운 모습이 많은 것 같아요.
B: 언제나 얌전하고 어떤 일을 해도 꼼꼼하게 처리하는 성격이라서 그런 것 같아요.

Vocabulary Check

New words listed in the textbook have been translated. Vocabulary words and expressions that are related with the topic of each section are further presented. In addition, new vocabulary words from 『이화 한국어 참고서 3–1』 are listed in the glossary.

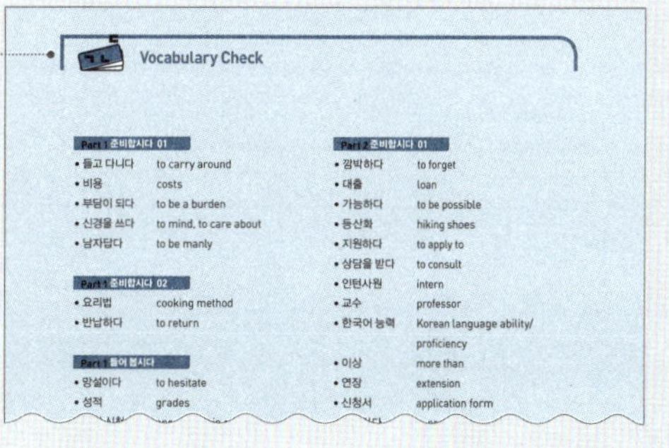

Vocabulary Check

Part 1 준비합시다 01
- 들고 다니다 to carry around
- 비용 costs
- 부담이 되다 to be a burden
- 신경을 쓰다 to mind, to care about
- 남자답다 to be manly

Part 1 준비합시다 02
- 요리법 cooking method
- 반납하다 to return

Part 1 들어 봅시다
- 망설이다 to hesitate
- 성적 grades

Part 2 준비합시다 01
- 깜박하다 to forget
- 대출 loan
- 가능하다 to be possible
- 등산화 hiking shoes
- 지원하다 to apply to
- 상담을 받다 to consult
- 인턴사원 intern
- 교수 professor
- 한국어 능력 Korean language ability/proficiency
- 이상 more than
- 연장 extension
- 신청서 application form

Grammar Focus

-(으)ㄹ까 봐(서) expresses concern about something that may happen. To express concern about something that may have happened in the past -았/었을까 봐(서) is used. It is generally used in colloquial speech.

Basic form	-(으)ㄹ까 봐(서)	-았/었을까 봐(서)
바쁘다	바쁠까 봐(서)	바빴을까 봐(서)
좋다	좋을까 봐(서)	좋았을까 봐(서)
오다	올까 봐(서)	왔을까 봐(서)
먹다	먹을까 봐(서)	먹었을까 봐(서)
유료이다	유료일까 봐(서)	유료였을까 봐(서)
거짓말이다	거짓말일까 봐(서)	거짓말이었을까봐(서)

ex A: 회사에 찾아왔으면 전화를 해야지. 왜 연락을 안 했어?
B: 네가 바쁠까 봐서 일부러 연락 안 했어.

ex A: 어젯밤에 날씨가 많이 추웠는데 그 방은 괜찮았어?
B: 좀 쌀쌀했지만 춥지는 않았어요.
A: 다행이네. 네가 밤새 추웠을까 봐서 걱정을 많이 했거든.

ex A: 여보, 오늘은 왜 이렇게 일찍 출근하세요?
B: 아침 일찍 중요한 회의가 있어요. 혹시 늦으면 길이 막힐까 봐 일찍 출근해요.

ex A: 마이클 씨, 축하해요. 시험에 합격하셨지요?
B: 고마워요. 사실 시험에 떨어질까 봐서 수업 후에 매일 도서관에서 열심히 공부했거든요.

ex A: 요즘 한국어 공부하는 게 어때요?
B: 열심히 공부는 하고 있는데 아직 말할 때는 틀릴까 봐서 긴장돼요.

ex A: 지난번에 홍콩에 갈 때 공항 가는 길이 너무 막혀서 비행기를 겨우 탔어.
B: 그날 네가 늦게 출발해서 비행기를 놓쳤을까 봐서 걱정했었어.

ex A: 영민 씨, 아직 점심 안 먹었죠?
B: 네. 해야 할 일이 좀 남아서요.
A: 영민 씨에게 주려고 음식을 사 왔는데 좀 드세요.
저는 영민 씨가 벌써 점심을 먹었을까 봐서 좀 걱정했는데 다행이네요.

ex A: 김정우 씨, 조금 전에 검사 결과가 나왔는데 너무 걱정하지 않으셔도 됩니다.
B: 그래요? 정말 다행이네요. 저는 혹시나 큰 병일까 봐 조마조마했거든요.

Focus Plus

- -(으)ㄹ까 봐(서) can be used interchangeably with -(으)ㄹ까 싶어(서).

  ex 영화를 보다가 갑자기 눈물이 났는데 누가 볼까 봐서 고개를 숙였다.
  (=누가 볼까 싶어서)

  ex 민수 씨가 한 말이 거짓말일까 봐서 고민을 많이 했다.
  (= 거짓말일까 싶어서)

- -(으)ㄹ까 봐(서) indicates some action that is taking place or has been taken out of concern. Therefore, the future tense cannot be used in the following clause.

  ex A: 이번 시험이 쉽지 않을 것 같아요.
  B: 저도 시험이 어려울까 봐서 열심히 공부했어요. (○)
  저도 시험이 어려울까 봐서 열심히 공부할 거예요. (×)

- -(으)ㄹ까 보다 expresses the intent to do something, although no certain decision has yet been made.

  ex A: 이번 주말에는 뭐 할 거예요?
  B: 글쎄요. 이번 주말은 오랜만에 집에서 푹 쉴까 봐요.

  ex A: 이 일을 정민 씨 혼자서 하는 건 좀 힘들 것 같은데요.
  B: 네. 시간이 있는 친구들한테 좀 부탁을 할까 봐요.

Answers

① A: 유키 씨, 새로 사귀기 시작한 남자 친구 어때요?
B: 아주 마음에 들어요. 그래서 요즘 신경을 많이 쓰고 있어요.
남자 친구 앞에서 실수를 할까 봐서 술을 조금만 마셔요.

② A: 안나 씨, 새로 사귀기 시작한 남자 친구 어때요?
B: 아주 마음에 들어요. 그래서 요즘 신경을 많이 쓰고 있어요.
남자 친구의 전화를 못 받을까 봐서 휴대 전화를 항상 손에 들고 다녀요.

③ A: 왕치엔 씨, 새로 사귀기 시작한 남자 친구 어때요?
B: 아주 마음에 들어요. 그래서 요즘 신경을 많이 쓰고 있어요.
데이트 비용이 남자 친구에게 부담이 될까 봐서 비싼 식당에 가지 않아요.

④ A: 아키라 씨, 새로 사귀기 시작한 여자 친구 어때요?
B: 아주 마음에 들어요. 그래서 요즘 신경을 많이 쓰고 있어요.
여자 친구가 좋아하는 식당에 자리가 없을까 봐서 항상 미리 예약해요.

⑤ A: 줄리앙 씨, 새로 사귀기 시작한 여자 친구 어때요?
B: 아주 마음에 들어요. 그래서 요즘 신경을 많이 쓰고 있어요.
여자 친구에게 남자답게 보이지 않을까 봐서 작은 일에 화를 내지 않아요.

Grammar Focus

-게 is used to indicate the purpose or reason for the following action. It indicates that the action of the following clause is required for that of the preceding clause.

Basic form	-게	Basic form	-게
크다	크게	쓰다	쓰게
예쁘다	예쁘게	가다	가게
늦다	늦게	먹다	먹게
춥다	춥게	살다	살게

ex A: 엄마, 내일 오전에 수업이 있는데 늦지 않게 일찍 깨워 주세요.
B: 그래, 알았어. 그럼 오늘은 늦게까지 TV 보지 말고 일찍 자.

ex A: 오늘 뉴스를 보니까 새벽에는 기온이 많이 떨어질 거라고 하던데…….
B: 그럼 새벽에 춥지 않게 보일러 온도를 좀 높여 줄래요?

ex A: 네가 어제 말한 그 식당에 나도 한번 가 보게 위치를 좀 자세히 알려 줄래?
B: 신촌 지하철역 1번 출구로 나가면 바로 앞에 있는 빨간색 건물 2층이야.

ex A: 민호 씨, 지금 인터넷으로 할 일이 많아요?
B: 아니요, 그냥 심심해서 보고 있는 거예요.
A: 그래요? 그럼 미안한데 이메일 좀 확인하게 노트북 잠깐 써도 될까요?

ex A: 눈 때문에 길이 막혀서 속초에 도착하려면 시간이 꽤 걸릴 것 같은데 어떡하지요?
B: 그럼 간단한 거라도 먹게 휴게소에서 잠깐 쉬어 갈까요?

ex A: 지금 도서관에 갈 건데 넌 책 빌릴 거 없어?
B: 지난번에 네가 읽은 책 재미있었어? 나도 한번 읽어 보게 다시 좀 빌려 줄래?

Answers

① A: 그거 무슨 음악이에요? 노래가 좋아요?
B: 네, 정말 좋아요.
A: 그래요? 그럼 나도 듣게 나중에 CD를 좀 빌려 주세요.

② A: 그거 무슨 게임이에요? 재미있어요?
B: 네, 정말 재미있어요.
A: 그래요? 그럼 나도 하게 컴퓨터를 끄지 말아 주세요.

③ A: 음식을 만들어 먹었어요? 맛있었어요?
B: 네, 정말 맛있었어요.
A: 그래요? 그럼 나도 음식을 만들어 먹게 요리법을 알려 주세요.

④ A: 향수를 샀어요? 향이 좋아요?
B: 네, 정말 좋아요.
A: 그래요? 그럼 나도 향수를 사게 어디에서 샀는지 가르쳐 주세요.

⑤ A: 그거 무슨 영화예요? 재미있어요?
B: 네, 정말 재미있어요.
A: 그래요? 그럼 나도 그 영화를 보게 다 본 후에 영화 DVD를 반납하지 마세요.

Vocabulary & Expression

괜찮은 시간

괜찮은 시간 means ***a convenient time***. It refers to the time one is available to do something.

ex A: 김민수 과장님, 회의 내용을 보고 드리려고 하는데 잠시 괜찮으세요?
B: 지금은 좀 바쁘니까 나중에 다시 보고해 주시면 좋겠어요.
A: 그럼 괜찮은 시간을 말씀해 주시면 그때 다시 오겠습니다.

Script

(1) Akira: Sujin, have you enrolled in your classes yet?
Kim Sujin: No, not yet. I want to take Korean Literature, but I'm hesitant. It might be too hard.
Akira: Why don't you ask someone who's taken the class before, so you can find out more about it? You can decide after you find out what the teacher is like, and how much homework there is.
Kim Sujin: You're right. That sounds like a good idea. I can ask someone who took the class last year.

(2) Yuki: My roommate works on the computer till late every night and I can't sleep. It's really annoying.
Jason: That sounds bad. You should complain to your roommate directly.
Yuki: I can't. I'm worried that we'll be on bad terms afterwards.
Jason: Try to explain in a way that won't be taken the wrong way. When you have a problem, I think the best thing is to talk with your friend and settle the matter.

(3) Huong: My parents are having a hard time paying the tuition. So I'm going to apply for a scholarship this semester.
Haoming: Good. I hope you get it and make your parents happy. But don't you need a recommendation from the teacher to apply for a scholarship? Did you get a letter of recommendation?
Huong: No, I haven't discussed it with the teacher yet. I'm hesitant to go to his office because he seems really busy these days. I don't want to disturb him.
Haoming: Then why don't you email the teacher first and ask what time would be convenient?
Huong: You're right. I should do that.

Answers

(1) ① The woman wants to study Korean Literature but is hesitant to enroll because she is worried the class might be too difficult.

(2) ② The woman is hesitant to complain to her friend because she is afraid that doing so will put them on bad terms.

(3) ④ The woman is hesitant to go and ask the teacher for a recommendation for fear of disturbing him, considering that he is so busy.

Vocabulary & Expression

서투르다

서투르다 means ***to be clumsy at doing something***. It indicates one is not experienced in performing a certain action.

ex A: 아이가 6학년인데 젓가락질이 아직 서툴러서 걱정이에요.
B: 젓가락을 바로 잡는 법을 알려 주세요. 그리고 조금만 연습하면 금방 잘할 거예요.

ex A: 선생님, 저는 발음이 서툴러서 한국 사람들이 제 말을 못 알아들을 때가 많아요. 어떻게 하면 좋을까요?
B: 하루에 30분 정도 한국어 책에 있는 CD를 들으면서 꾸준히 연습해 보세요.

자연스럽다

자연스럽다 means ***to be natural***. It indicates that something is not artificial and therefore looks or sounds very natural.

ex A: 어제 본 뮤지컬은 어땠어요?
B: 뮤지컬에 나오는 노래는 좋았는데 배우들의 연기가 자연스럽지 않아서 별로였어요.

ex A: 머리가 너무 지저분해 보이는데 파마를 하면 어떨까?
B: 글쎄. 내 생각에는 파마보다 머리를 조금 자른 후에 자연스럽게 묶으면 더 예쁠 것 같은데.

ex A: 내일 입사 면접 때 너무 떨릴 것 같은데 어떻게 하면 좋을까요?
B: 긴장되겠지만 자연스러운 표정으로 질문에 대한 자신의 생각을 조리 있게 말해 보세요.

Dialogue

Sujin Hello. Aren't you Huong, a student at the Language Institute?
Huong Yes, that's me. You're Sujin, right? It's nice to meet you.
Sujin Yes, nice to meet you too. Have you been studying Korean for a long time?
Huong No, I've only been studying Korean for six months. So I'm not very good at it yet.
Sujin What do you mean? Your pronunciation is good and you speak very naturally.
Huong No. I'm really not confident in speaking. I'm always a bit tense when I speak with Koreans, for fear of making a mistake.
Sujin I know what you mean. I've studied foreign languages before and know what that feels like. But what do you want to study with me?
Huong I'd like to practice speaking so that I can speak like a Korean person.
Sujin Okay. Let's meet up often and practice. I'll help you as much as I can.
Huong Thank you so much. I'm so glad to be able to study with you.

Grammar Focus

–아/어야 indicates that the action or conditions in the preceding clause are necessary to achieve the state or situation in the following clause. For emphasis, –아/어야 can be used in conjunction with the postposition 만 to form –아/어야만.

Basic form	–아/어야	Basic form	–아/어야
바쁘다	바빠야	살다	살아야
짧다	짧아야	듣다	들어야
오다	와야	주부이다	주부여야
먹다	먹어야	학생이다	학생이어야

ex A: 손님들이 식당에 많이 오게 하려면 어떻게 해야 할까요?
B: 식당은 무엇보다도 음식이 맛있어야 손님이 많이 오지요.

ex A: 그 회사에 취직하기 위해서는 어떤 조건이 필요한가요?
B: 거긴 경쟁률이 높은 편이라서 외국어도 잘하고 경력도 많아야 들어갈 수 있어요.

ex A: 부장님, 이번 신상품 가격이 높다고 지적하는 사람들이 많은 것 같습니다.
B: 사실 제 생각도 그렇습니다. 조금 더 가격이 저렴해야 판매가 늘어날 것 같아요.

ex A: 어제 산 옷이 마음에 안 들어서 환불받고 싶은데 영수증이 없어졌어요. 환불이 될까요?
B: 글쎄요. 영수증이 있어야 환불을 받을 수 있을 거예요.

ex A: 그 약은 어느 약국에서나 구입할 수 있어요?
B: 아니요. 병원에서 처방전을 받아 와야만 살 수 있는 약이에요.

ex A: 수진 씨하고는 왜 같이 일을 안 하세요?
B: 말도 마세요. 마음이 맞아야 같이 일을 하지요. 그냥 혼자 하는 게 나아요.

ex A: 주민 센터에 있는 도서관은 누구나 이용이 가능하지요?
B: 아니요, 이 동네에 사는 주민이어야 도서관을 이용할 수 있습니다.

Answers

① A: 입학 상담을 받으려고 하는데 어떻게 해야 되지요?
B: 미리 상담 신청을 해야 상담을 받을 수 있어요.

② A: 인턴사원으로 일하고 싶은데 어떻게 해야 되지요?
B: 교수 추천서를 받아야 인턴사원으로 일할 수 있어요.

③ A: 기숙사에서 계속 살려고 하는데 어떻게 해야 되지요?
B: 기숙사 연장 신청서를 내야 계속 살 수 있어요.

④ A: 학생증을 만들려고 하는데 어떻게 해야 되지요?
B: 사진을 제출해야 학생증을 만들 수 있어요.

⑤ A: 학교 체육관을 이용하려고 하는데 어떻게 해야 되지요?
B: 이용 요금을 먼저 납부해야 학교 체육관을 이용할 수 있어요.

Grammar Focus

-(으)ㄹ 수도 있다 is used to guess the possibility of something in the future. -았/었을 수도 있다 is used to guess at something in the past.

Basic form	-(으)ㄹ 수도 있다	았/었을 수도 있다
바쁘다	바쁠 수도 있다	바빴을 수도 있다
짧다	짧을 수도 있다	짧았을 수도 있다
오다	올 수도 있다	왔을 수도 있다
먹다	먹을 수도 있다	먹었을 수도 있다
살다	살 수도 있다	살았을 수도 있다
듣다	들을 수도 있다	들었을 수도 있다
주부이다	주부일 수도 있다	주부였을 수도 있다
학생이다	학생일 수도 있다	학생이었을 수도 있다

ex A: 해외여행을 갈 때 특별히 챙겨야 할 게 있나요?
B: 여행지에서 갑자기 아플 수도 있으니까 비상약을 가져가세요.

ex A: 어제 백화점에서 본 그 치마를 사고 싶은데 아직 있을까요?
B: 오늘이 세일 마지막 날이라서 없을 수도 있어요.

ex A: 아직 시간이 많이 남았는데 지금 출발하는 건 좀 이르지 않나요?
B: 길이 막히면 늦을 수도 있으니까 일찍 출발하도록 해요.

ex A: 내일 비가 오면 축구 경기는 어떻게 되나요? 예정대로 진행되나요?
B: 글쎄요. 비가 많이 오면 경기가 취소될 수도 있겠지요.

ex A: 내일 경복궁에 가려고 하는데 평일이니까 문을 열겠지요?
B: 주말에 문을 여니까 주중에는 하루 쉴 거예요. 내일 문을 안 열 수도 있으니까 미리 확인해 보고 가세요.

ex A: 요코 씨가 얼마 전에 산 소설책을 빌리고 싶은데 지금은 다 읽었겠지요?
B: 요즘 시험 기간이라서 아직 다 못 읽었을 수도 있어요.

ex A: 집에 들어갈 때 아이들이 먹을 걸 좀 사 갈까요?
B: 할머니와 같이 저녁을 먹었을 수도 있으니까 미리 확인해 봅시다.

ex A: 마리 씨에게 중요한 이메일을 보냈는데 확인했겠지요?
B: 글쎄요. 마리 씨 집에는 컴퓨터가 없잖아요. 확인을 안 했을 수도 있으니까 중요한 내용이면 직접 전화해 보세요.

ex A: 약을 사 먹었는데 일주일 동안 기침이 멈추지 않네요.
B: 오랫동안 기침이 계속되면 큰 병일지도 모르니까 병원에 가서 진찰을 받아 보는 게 좋겠어요.

Focus Plus

- When there is no possibility regarding something −(으)ㄹ 수도 없다 is not used. When the content of the preceding clause is not true or not possible −(으)ㄹ 리가 없다 is used.

  ex 마이클 씨가 약속 시간을 잘못 알고 있을 수도 있어요.
  마이클 씨가 약속 시간을 잘못 알고 있을 수도 없어요. (×)
  마이클 씨가 약속 시간을 잘못 알고 있을 리가 없어요. (○)

  ex 마리 씨가 이미 약속 장소에 도착했을 수도 있어요.
  마리 씨가 이미 약속 장소에 도착했을 수도 없어요. (×)
  마리 씨가 이미 약속 장소에 도착했을 리가 없어요. (○)

- −(으)ㄹ 수도 있다 is similar in form to −(으)ㄹ 수 있다 (See 『이화 한국어 1-2』 Chapter 14, p.114), but it is different in meaning. −(으)ㄹ 수 있다 is used to indicate the ability to do something or the possibility of something, while −(으)ㄹ 수도 있다 is used to guess the possibility of something.

  ex A: 나타샤 씨는 한국 요리를 할 수 있어요?
  B: 네, 한국에서 요리 학원에 다녔어요. 그래서 한국 음식을 만들 수 있어요.

  ex A: 오늘따라 마이클 씨가 왜 이렇게 늦지요?
  B: 오늘 일이 많은 것 같았어요. 아마 지금도 회사에서 야근하고 있을 수도 있어요.

Answers

① A: 저, 궁금한 게 있는데요. 이 정도 성적으로 장학금을 탈 수 있나요?
B: 네, 하지만 요즘은 성적이 좋은 학생이 많아서 못 받을 수도 있어요.

② A: 유학생 모임을 학교 소극장에서 할 수 있나요?
B: 네, 하지만 요즘 학교 행사가 많아서 소극장을 못 빌릴 수도 있어요.

③ A: 도서관에 공부할 자리가 충분한가요?
B: 네, 하지만 요즘 시험 기간이라서 자리가 없을 수도 있어요.

④ A: 비행기 표를 살 때 유학생 할인을 받을 수 있나요?
B: 네, 하지만 금방 매진돼서 할인된 표를 못 살 수도 있어요.

⑤ A: 집세는 보통 선불로 내나요?
B: 네, 하지만 집주인에게 잘 이야기하면 선불로 안 낼 수도 있어요.

Vocabulary & Expression

실력을 키우다

실력을 키우다 means ***to nurture one's ability***. It refers to raising the quality or level of something to a high state. 키우다 can also be used in expressions such as 힘을 키우다, 능력을 키우다, and 꿈을 키우다.

ex A: 한국에 온 지 6개월이 지났는데 아직 한국어로 말하는 게 자신이 없어요.
B: 한국어 말하기 실력을 키우려면 한국인 친구들과 말할 기회를 많이 가지는 게 중요해요.

Script

Announcer Hello, everyone! The new semester has already started. Today we will hear words of advice on life in Korea from our old overseas students to our new students from other countries.

Wang Qian Hello. My name is Wang Qian. I come from China. I came to Korea a year ago in order to go to university here. When I first came here, I couldn't speak Korean well and found it hard to make Korean friends. It was often very frustrating. But since meeting my Korean-language helper introduced by the school, my life here has become a lot more fun. When I made friends with Koreans, I adapted to life here more easily and my Korean language ability improved as well. If you want to enjoy your life here in Korea, too, make sure you make a lot of Korean friends. You can become close friends as you help each other out with your language studies.

Julian Hello. My name is Julian, and I come from France. I am an exchange student and I am taking classes in Korean language and economics, which is my major. I believe you can speak another language better if you know the culture of that country. So whenever I get the chance, I try to experience as much of the Korean culture as I can outside of the classroom. I visit historical sites, and go to see various performances. Doing this gives me lots of opportunities to meet and talk with Koreans. I hope that all of you will enjoy your life in Korea and take an interest in Korean culture.

Announcer Thank you. We have just heard the advice of some old students. I hope that all of you overseas students will enjoy your time in Korea.

Answers

(1) ② The woman advised the students to make Korean friends if they wanted to enjoy life in Korea and the man advised the students to enjoy their life in Korea and take an interest in Korean culture.

(2) ④ The woman said her life as an overseas student became a lot more fun after getting to know the Korean-language helper, whom she met with the help of the school.

Vocabulary & Expression

여쭤 볼 게 있어서 왔다

여쭤 볼 게 있어서 왔다 means ***I came to ask you something***. It indicates one has visited someone with the purpose of asking a question. 여쭙다 is the honorific form of 묻다(to ask). It is generally used in the form of 여쭤 볼 게 있다 or N에게 N을/를 여쭙다.

ex A: 실례합니다. 좀 여쭤 볼 게 있어서 왔는데요.
B: 네, 말씀하세요.

ex A: 여쭤 볼 게 있는데요. 경기장 입장권을 여기에서 살 수 있나요?
B: 아니요. 입장권은 매점 옆에 있는 매표소에서 판매합니다.

반이 열리다

반이 열리다 means ***a class is open***. It indicates that a certain class is open and a certain subject is being taught. 열리다 is also used to indicate the holding of an event or gathering, as in 파티가 열리다, 박람회가 열리다, or to indicate that a business is held or open, as in 약국 문이 열리다.

ex A: 이번 여름 학기에 문화센터에 요가 수업이 있나요?
B: 네. 그렇지만 등록자가 적으면 반이 열리지 않을 수도 있어요.

Dialogue

Haoming	Hello. I've come to ask you something.
Teacher	Alright, come in. What would you like to know?
Haoming	I want to apply for the Korean proficiency exam but I don't know how to do it.
Teacher	I see. You can apply on the Korean Language Proficiency Exam homepage. (Shows Haoming the homepage) But before you apply you have to become a member. After you have joined, click the "Online Application" section and proceed from there.
Haoming	Oh, I see. But what's the best way to prepare for the exam?
Teacher	Well, we have a preparation class at our school. It may be hard to study for the exam on your own, so why don't you sign up for that class?
Haoming	Great. Is the class being open this semester as well?
Teacher	Yes, it starts next month.
Haoming	Oh, I see. Thank you very much for your kind advice.
Teacher	I hope you study hard and get good results.

Vocabulary & Expression

한국어에 관심을 갖게 되다

한국어에 관심을 갖게 되다 means ***to develop an interest in the Korean language***. It indicates that one has become interested in the Korean language.

ex A: 안나 씨는 어떻게 한국어를 공부하게 되었어요?
B: 한국 영화를 즐겨 보면서 자연스럽게 한국어에 관심을 갖게 되었어요.

ex A: 제이슨 씨가 태권도를 배우게 된 계기는 뭐예요?
B: 예전부터 태권도를 배우고 싶은 생각은 있었는데 한국 친구를 만나면서 본격적으로 태권도에 관심을 갖게 되었어요.

대중문화 교류에 관련된 일

대중문화 교류에 관련된 일 means ***something related to exchange in popular culture***. 관련되다 means that two or more people, things, phenomena etc. are connected or related in some way. It is used in the form of N에 관련되다 or N와/과 관련되다.

ex A: 마리 씨는 앞으로 어떤 일을 하고 싶어요?
B: 저는 지금까지의 경험을 살려서 대중문화 교류에 관련된 일을 하고 싶어요.

외동딸

외동딸 means ***only daughter***. It refers to a daughter who is the only child in the family. An only son is referred to as 외동아들.

ex A: 왕치엔 씨는 형제가 어떻게 되세요?
B: 저는 외동딸이에요. 그래서 어렸을 때는 언니나 동생이 있는 친구들이 부러웠어요.

Reading Guide

This newspaper article is an interview with the overseas student Xuan Huong. Read it through, focusing on Xuan Huong's motivation to come to Korea to study, preparations to do so, his thoughts on life as a student in Korea, and future plans. (☞ See 「이화 한국어 3-1」 p.30)

Answers

(1) 한국과 베트남의 대중문화 교류를 위해 일하고 싶다.

(2) ④ In answer to the reporter's question on what motivated Xuan Huong to come to Korea to study, Xuan Huong said that a teacher at his school who had studied in Korea recommended that he do the same.

Vocabulary Expansion

–답다 is attached to the end of a certain noun to indicate that the subject has a certain quality or characteristic of the noun.

학생답다
Like a student

ex A: 선생님, 학생으로서 가져야 할 태도는 무엇일까요?
B: 무엇보다 학생들은 학생의 본분을 잊지 않고 학생답게 행동하는 게 가장 중요하지요.

여자답다
Feminine, womanly

ex A: 율리아 씨는 정말 여자다운 모습이 많은 것 같아요.
B: 언제나 얌전하고 어떤 일을 해도 꼼꼼하게 처리하는 성격이라서 그런 것 같아요.

남자답다
Masculine, manly

ex A: 김성진 씨가 오랜만에 텔레비전에 나왔는데 정말 몰라보게 멋있어졌네요.
B: 네, 영화 촬영 때문에 근육질 몸매를 만들었다고 하네요. 그동안 몰랐던 남자다운 모습이네요.

아이답다
Child-like

ex A: 유치원에서 아이들을 가르치는 건 쉬운 일이 아니지요?
B: 네. 힘들 때도 있지만 아이다운 순수한 모습을 볼 때는 그런 생각도 모두 잊게 되는 것 같아요.

신사답다
Like a gentleman

ex A: 옆집 아저씨는 외출하실 때마다 깔끔한 정장에 중절모를 쓰고 다니시네요.
B: 네. 옷차림도 항상 깔끔하시지만 무엇보다 배려심이 많고 친절한 태도에 많은 사람들이 신사답다는 말씀을 하세요.

숙녀답다
Ladylike

ex A: 배우 박시윤 씨가 이번 드라마에서 새로운 이미지를 보여주고 있다면서요?
B: 네, 지금까지의 귀여운 이미지와 달리 숙녀다운 모습으로 출연해서 인기를 많이 끌고 있어요.

너답다
Like you

ex A: 시험 결과가 나왔는데 기대했던 것보다 성적이 너무 안 좋아서 큰일이야.
B: 오늘 너답지 않게 왜 그래? 다음에 또 시험이 있으니까 열심히 준비해서 잘 보면 되잖아. 힘내.

인간답다
Like a human being

ex A: 시장님, 우리 도시를 위해 앞으로 어떤 계획이 있는지 시청자들에게 한 말씀 부탁드립니다.
B: 저는 시민 모두가 안전하고 깨끗한 환경에서 인간다운 생활을 할 수 있는 그런 도시로 만들어 나가겠습니다.

Vocabulary Check

Part 1 준비합시다 01

- 들고 다니다 — to carry around
- 비용 — costs
- 부담이 되다 — to be a burden
- 신경을 쓰다 — to mind, to care about
- 남자답다 — to be manly

Part 1 준비합시다 02

- 요리법 — cooking method
- 반납하다 — to return

Part 1 들어 봅시다

- 망설이다 — to hesitate
- 성적 — grades
- 수강 신청 — enrollment in a class
- 등록금 — tuition
- 선배 — senior (in age, rank, position etc.)
- 불만 — complaint
- 짜증을 내다 — to show one's irritation
- 장학금 — scholarship
- 신청하다 — to apply for
- 추천서 — recommendation letter
- 방해가 되다 — to be a disturbance

Part 1 말해 봅시다

- 도우미 — helper, assistant
- 실력 — ability
- 어색하다 — to be awkward
- 공감 — sympathy
- 이해가 가다 — to understand
- 그때그때 — according to circumstances

Part 2 준비합시다 01

- 깜박하다 — to forget
- 대출 — loan
- 가능하다 — to be possible
- 등산화 — hiking shoes
- 지원하다 — to apply to
- 상담을 받다 — to consult
- 인턴사원 — intern
- 교수 — professor
- 한국어 능력 — Korean language ability/proficiency
- 이상 — more than
- 연장 — extension
- 신청서 — application form
- 납부하다 — to pay

Part 2 준비합시다 02

- 정도 — extent, degree
- 장학금을 타다 — to receive a scholarship
- 소극장 — small theater
- 충분하다 — to be enough
- 할인되다 — to be discounted
- 집세 — rent
- 선불 — payment in advance

Part 2 들어 봅시다

- 체험 — experience
- 실력을 키우다 — to develop one's ability/skills
- 관심을 가지다 — to take an interest in
- 어학 — language study
- 교환 학생 — exchange student

Part 2 말해 봅시다

- 한국어능력시험 — Korean language proficiency test

- 상담실 consulting room
- 홈페이지 homepage
- 회원 가입 to sign up, to become a member
- 아이디 ID
- 온라인 online
- 접수 registration
- 준비반 preparatory class
- 반이 열리다 to have a class open
- 문의하다 to inquire
- 납부 payment
- 개인 individual
- 마감되다 to be closed

Part 3 읽어 봅시다

- 대중문화 popular culture
- 교류 exchange
- 점점 gradually
- 제대로 properly
- 마침 just in time
- 적극적으로 actively
- 외동딸 only daughter
- 허락하다 to allow, to permit
- 설득하다 to persuade
- 집중하다 to focus on, to concentrate on
- 충분히 fully
- 갖추다 to be equipped with
- 완전히 completely
- 적응되다 to adapt
- 내내 throughout
- 새롭다 to be new, to be novel
- 관련되다 to be related to
- 미소 smile
- 설렘 excitement, thrill
- 기대감 anticipation
- 느끼다 to feel
- 영향 influence, effect
- 계기 motivation
- 소감 feelings, thoughts

Part 3 어휘를 늘려 봅시다

- 단정하다 to be neat
- 배려하다 to show consideration
- 예의 바르다 to be courteous
- 기말 시험 end-of-term exam, final exam
- 긍정적 positive
- 안전하다 to be safe
- 환경 environment
- 권리 right(s)

Topic Vocabulary

Overseas Student Life

- 외국어가 능통하다 to be competent in a foreign language
- 외국인등록증을 발급받다 to have an alien registration card issued
- 유학 비용을 마련하다 to prepare funds for study overseas
- 유학 생활을 만끽하다 to enjoy life as an overseas student
- 입학허가서를 받다 to receive an admission letter

PART1 준비합시다 01 • -아/어 보이다

p.38

Grammar Focus

-아/어 보이다 is used to express one's judgment or estimation of a person's state or feelings or the state of an object upon seeing that person or object. It is attached to an adjective.

Basic form	-아/어 보이다	Basic form	-아/어 보이다
바쁘다	바빠 보이다	좋다	좋아 보이다
슬프다	슬퍼 보이다	넓다	넓어 보이다
날씬하다	날씬해 보이다	덥다	더워 보이다
맛있다	맛있어 보이다	힘들다	힘들어 보이다

ex A: 오늘 모임에 존슨 씨도 함께 가는 게 어때요?
B: 존슨 씨가 오늘 정말 바빠 보였어요. 그냥 우리끼리 가는 게 좋겠어요.

ex A: 복도에서 수진 씨를 보니까 표정이 정말 슬퍼 보이던데 무슨 일 있어요?
B: 글쎄요. 아침에 저와 커피를 마실 때는 괜찮았는데요.

ex A: 아까 흐엉 씨를 만났는데 기분이 좋아 보였어요. 무슨 좋은 일이 있는 것 같아요.
B: 이번 학기에 공부를 열심히 해서 장학금을 받았거든요.

ex A: 오늘은 오랜만에 빨간색 넥타이를 맸는데 어때요?
B: 빨간색을 매니까 훨씬 젊어 보이시네요.

ex A: 유키 씨 방이 제이슨 씨 방보다 큰가요?
B: 그건 아니에요. 그런데 유키 씨 방에는 가구가 없어서 제이슨 씨 방보다 더 넓어 보이네요.

ex A: 가격은 비슷한 것 같은데 어느 티셔츠가 더 좋을까요?
B: 하늘색이 검정색보다 더 시원해 보여요. 하늘색으로 입어 보세요.

ex A: 이 떡볶이는 정말 매워 보이는데 미셸 씨가 잘 먹을 수 있을까요?
B: 그럼요. 미셸 씨도 매운 음식을 좋아해요.

Answers

① A: 흐엉 씨, 무슨 일 있어요? 우울해 보여요.
B: 요즘 공부도 잘 안 되고 고향 생각이 많이 나요. 그래서 너무 우울해요.

② A: 안나 씨, 무슨 일 있어요? 불안해 보여요.
B: 사실 어제 선생님께 거짓말을 했는데 들통이 날 것 같아요. 그래서 정말 불안해요.

③ A: 아키라 씨, 무슨 일 있어요? 기분이 나빠 보여요.
B: 5년 동안 사귀던 여자 친구와 헤어졌어요. 그래서 정말 괴로워요.

④ A: 창호 씨, 무슨 일 있어요? 행복해 보여요.
B: 제가 원하는 회사에 취직했거든요. 그래서 정말 행복해요.

⑤ A: 수진 씨, 무슨 일 있어요? 기분이 좋아 보여요.
B: 지난 학기에 1등을 해서 장학금을 받았거든요. 그래서 정말 기분이 좋아요.

Grammar Focus

-는 것보다 -는 게 낫다 is used to indicate one's preference after comparing two actions. It is attached to a verb.

Basic form	-는 것보다 -는 게 낫다
가다 / 기다리다	가는 것보다 기다리는 게 낫다
듣다 / 읽다	듣는 것보다 읽는 게 낫다
먹다 / 참다	먹는 것보다 참는 게 낫다
입다 / 팔다	입는 것보다 파는 게 낫다
살다 / 이사하다	사는 것보다 이사하는 게 낫다

ex A: 졸업 후에 어떤 진로를 선택하는 게 좋을지 모르겠어요.
B: 혼자서 고민하는 것보다 부모님과 의논해서 결정하는 게 나을 것 같아요.

ex A: 하숙비가 너무 비싸서 다른 하숙집으로 옮기려고 해요.
B: 그러면 하숙집에서 사는 것보다 고시원으로 이사하는 게 나을 거예요. 고시원이 훨씬 싸잖아요.

ex A: 오랜만에 야구장에 갔는데 주차를 못해서 고생했어요.
B: 그런 곳에 갈 때는 차를 가지고 가는 것보다 대중교통을 이용하는 게 훨씬 낫지요.

ex A: 조금 출출한데 컵라면이라도 하나 먹어야겠어요.
B: 지금 컵라면을 먹는 것보다 저녁 식사를 조금 일찍 하는 게 나을 것 같은데요.

ex A: 난방비 때문에 어제 보일러를 끄고 잤는데 감기에 걸린 것 같아요.
B: 그래요? 앞으로는 끄지 마세요. 감기에 걸려 고생하는 것보다 돈은 좀 들겠지만 난방을 하는 게 나아요.

ex A: 에어컨을 사려고 하는데 현금으로 한 번에 계산하는 게 좋을까요?
B: 에어컨 가격이 좀 부담스러우니까 현금으로 한 번에 내는 것보다 카드로 나누어 내는 게 낫겠어요.

ex A: 요즘 살이 많이 쪄서 앞으로는 저녁을 굶으려고 해요.
B: 그러지 마세요. 살을 빼려면 무조건 굶는 것보다 운동하면서 음식을 조절하는 게 나아요.

ex A: 대학교 수업이 너무 어렵네요. 앞으로 수업을 잘 따라갈 수 있을지 고민이에요.
B: 그럴 때는 혼자 공부하는 것보다 선배나 친구한테 도움을 받아 보는 게 낫지 않을까요?

Focus Plus

- When used with a noun it takes the form of N보다 N이/가 낫다.

  ex A: 목이 너무 마른데 시원한 콜라 한 잔 마실까요?
  B: 목이 마를 때는 콜라보다 물이 나아요.

  ex A: 지금 사는 집은 너무 시끄러워서 이사를 하려고 하는데 어디가 좋을까요?
  B: 조용한 곳을 찾는다면 하숙집보다 원룸이 나을 거예요.

- When used with an adjective it takes the form of -(으)ㄴ 것보다 -(으)ㄴ 게 낫다.

  ex A: 굽 높이가 조금 다르지만 디자인은 거의 비슷한데 어떤 구두가 좋을지 고민이에요.
  B: 글쎄요. 건강을 생각하면 굽이 높은 것보다는 낮은 게 낫지 않을까요?

  ex A: 저는 둘 다 마음에 드는데 마이클 씨가 보기에 어떤 색이 저한테 더 잘 어울리는 거 같아요?
  B: 제 생각에 민수 씨한테는 밝은 거보다 조금 어두운 게 나을 것 같은데요.

Answers

① A: 집에 안 입는 옷이 너무 많은데 버리는 게 좋을까요? 벼룩시장에 파는 게 좋을까요?
B: 글쎄요. 안 입는 옷을 그냥 버리면 너무 아까울 것 같아요.
버리는 것보다 벼룩시장에 파는 게 나을 거예요.

② A: 잠이 안 오는데 수면제를 복용하는 게 좋을까요? 따뜻한 우유를 한 잔 마시는 게 좋을까요?
B: 글쎄요. 수면제를 복용하면 부작용이 생길 수도 있어요.
그러니까 수면제를 복용하는 것보다 따뜻한 우유를 한 잔 마시는 게 나을 거예요.

③ A: 해외여행을 가려고 하는데 자유 여행을 하는 게 좋을까요? 패키지여행을 가는 게 좋을까요?
B: 글쎄요. 패키지여행을 하면 개인적으로 가고 싶은 곳을 못 볼 것 같아요.
그러니까 패키지여행을 가는 것보다 자유여행을 가는 게 나을 거예요.

④ A: 한국말을 유창하게 하고 싶은데 혼자 책을 읽는 게 좋을까요?
한국 사람과 대화를 나누는 게 좋을까요?
B: 글쎄요. 한국말을 유창하게 잘하려면 혼자 책을 읽는 것보다
한국 사람과 대화를 많이 나누는 게 나을 거예요.

⑤ A: 친구와 말다툼을 했는데 마음을 터놓고 이야기하는 게 좋을까요?
친구가 사과할 때까지 기다리는 게 좋을까요?
B: 글쎄요. 친구가 사과할 때까지 기다리는 것보다 마음을 터놓고 이야기하는 게 나을 거예요.

Vocabulary & Expression

콧노래

콧노래 means ***humming happily***. 콧노래 is used in expressions such as 콧노래를 부르다, 콧노래가 절로 나오다, and 콧노래를 흥얼거리다.

ex A: 무슨 좋은 일이 있어요? 왜 혼자 콧노래를 흥얼거리고 있어요?
B: 그동안 열심히 준비했던 회사의 프로젝트가 아주 성공적으로 끝났거든요.

Script

(1) Yuki	Jason, you seem happy about something, humming all the time.
Jason	It's Friday today.
Yuki	Do you have fun plans for the weekend?
Jason	No. I don't have any particular plan but Friday is always a happy day.
(2) Akira	You seem to be in a really good mood today.
Anna	I didn't do my homework last week and it was all piled up. But I finally finished it.
Akira	Really? You must feel good.
(3) Wang Qian	Frank, what are you doing here all alone?
Frank	Hi. I'm just watching television because I have nothing to do.
Wang Qian	Oh. But where's Michael? The guy who's always with you.
Frank	He went back to his home country a few days ago. He got a job there.
Wang Qian	You must have been sad to see him go.
Frank	Yes, I was. And I'm a bit lonely without him.
Wang Qian	You look even lonelier sitting by yourself like that. Why don't we go out and do something? It'll be better than watching television alone.
(4) Kim Sujin	Julian! Why do you look so down? Is something wrong?
Julian	Actually, I am having a hard time. My Korean's not that good yet, so life is a bit difficult.
Kim Sujin	But you're learning Korean at school, aren't you?
Julian	Yes. But I'm afraid of making mistakes, so I tend to speak less.
Kim Sujin	It doesn't matter if a foreigner makes some mistakes.
Julian	It's embarrassing when people can't understand what I say.
Kim Sujin	But it's better to keep trying. You shouldn't keep quiet for fear of being wrong when you're learning the language.
Julian	Yes, you're right. I'll make an effort in the future.

Answers

(1) ① The man has no particular plan for today but he is happy just because it's Friday.

(2) ③ The woman is pleased with herself because she has finished the pile of homework.

(3) ③ The man feels a bit lonely because his best friend has gone back home.

(4) ① The man studies Korean at school but his life is difficult in Korea because he can't speak Korean very well yet.

Vocabulary & Expression

깜박하다

깜박하다 means ***to forget***. It refers to the inability to remember something or to overlook something.

ex A: 오늘 하루 종일 전화도 받지 않던데 무슨 일이 있었어요?
B: 죄송해요. 휴대 전화를 깜박하고 집에 두고 출근했지 뭐예요.

ex A: 평소에 약속을 잘 지키는 마이클 씨인데 오늘은 왜 이렇게 늦을까요?
B: 혹시 오늘 약속을 깜박한 건 아닐까요? 제가 지금 연락해 볼게요.

어쩌다가 그랬어요?

어쩌다가 그랬어요? means ***how/why did you do that?*** In other words, it means "How/Why did you end up doing that?" It is used to show one's sympathy when hearing someone mention his/her mistakes or what he/she did wrong.

ex A: 아, 지하철에 가방을 놓고 내린 것 같아요.
가방에 지갑이랑 여권까지 다 들어 있는데 어떻게 하지요?
B: 아니, 어쩌다가 그랬어요? 빨리 지하철 유실물 센터에 연락해 보세요.

ex A: 컴퓨터로 보고서를 작성했는데 문서를 제대로 저장하지 않은 것 같아요.
B: 뭐라고요? 어쩌다가 그랬어요? 다른 곳에 저장되어 있을지도 모르니까 다시 한번 잘 찾아보세요.

Dialogue

Yuki	Jason, you look depressed. Is something wrong?
Jason	Yes, the boss scolded me at work today.
Yuki	Really? Why did he scold you?
Jason	I was supposed to send some papers to a client, but I forgot and didn't send them.
Yuki	How did you let that happen? It sounds like you made a mistake, Jason.
Jason	Yes, I know. But how could he yell at me in front of everyone? It was terrible.
Yuki	Things like that can happen at work. Don't dwell on it.
Jason	You're right. I'll go to sleep and forget about it.
Yuki	Jason, don't you think it would be better to exercise rather than to sleep? You'll feel better after working up a sweat.
Jason	Yes, that sounds like a good idea. It would be much better to exercise than to sleep.

p.44

Grammar Focus

–기는 하지만 is used to indicate partial agreement with something or the words expressed by someone though one has a different opinion or is in a different situation. The past form of –기는 하지만 is –기는 했지만. When used as the final ending, the expression –기는 하다 is used.

Basic form	–기는 하지만	Basic form	–기는 하지만
바쁘다	바쁘기는 하지만	듣다	듣기는 하지만
짧다	짧기는 하지만	살다	살기는 하지만
오다	오기는 하지만	의사이다	의사이기는 하지만
먹다	먹기는 하지만	학생이다	학생이기는 하지만

ex A: 배우 김민주 씨는 정말 인형처럼 예쁜 것 같아요.
B: 네. 그런데 예쁘기는 하지만 연기를 잘 못해서 전 별로 안 좋아해요.

ex A: 왕카이 씨 고향도 이렇게 덥나요?
B: 네. 덥기는 하지만 여기 부산처럼 습하지는 않은 것 같아요.

ex A: 유키 씨, 내일 우리 반 모임에 오실 거지요?
B: 가기는 하지만 다른 약속이 있어서 끝까지 있지는 못할 것 같아요.

ex A: 이번에 새로 이사한 집은 어때요?
B: 집과 회사가 멀기는 하지만 교통이 편리해서 좋은 것 같아요.

ex A: 어제 본 공연이 어땠어요?
B: 공연이 재미있기는 했지만 공연장까지 가는 교통편이 너무 불편했어요.

ex A: 마이클 씨, 지난 학기에 토론 수업을 들으셨지요? 어땠어요?
B: 그 수업을 듣기는 했지만 사실 결석을 많이 해서 수업이 어땠는지 잘 모르겠어요.

Answers

① A: 한국어 공부는 어때요? 정말 재미있지요?
B: 네. 한국어 공부가 재미있기는 하지만 발음이 어려워서 조금 힘들어요.

② A: 그 카페의 분위기는 어때요? 좋지요?
B: 네. 카페의 분위기가 좋기는 하지만 음식이 맛이 없어서 다시 가고 싶지는 않아요.

③ A: 지금 하는 일은 어때요? 적성에 맞지요?
B: 네. 지금 하는 일이 적성에 맞기는 하지만 일이 많고 보수가 적어서 다른 회사를 알아보고 있어요.

④ A: 배우가 잘생겼지요?
B: 네. 배우가 잘생기기는 했지만 연기를 잘 못해서 아쉬워요.

⑤ A: 여행은 어땠어요? 좀 힘들었지요?
B: 네. 여행이 힘들기는 했지만 기억에 남을 것 같아요.

Grammar Focus

-던데요 is used when recalling a scene directly witnessed in the past and expressing wonder at what one felt at the time. When talking about a situation completed in the past, -았/었던데요 is used. -던데요 is attached to either a verb or an adjective, but -았/었던데요 is attached only to a verb.

Basic form	-던데요	-았/었던데요
바쁘다	바쁘던데요	-
좋다	좋던데요	-
오다	오던데요	왔던데요
먹다	먹던데요	먹었던데요
듣다	듣던데요	들었던데요
살다	살던데요	살았던데요
주부이다	주부이던데요	주부였던데요
학생이다	학생이던데요	학생이었던데요

ex A: 한국 요리를 배워 보니까 어때요? 정말 재미있지요?
B: 네. 직접 요리를 해 보니까 정말 재미있던데요. 배우기를 잘한 것 같아요.

ex A: 명동에 처음 가 보셨다고 했지요? 어땠어요?
B: 텔레비전에서 많이 보기는 했지만 실제로 가 보니까 가게도 많고 사람도 엄청 많던데요.

ex A: 미선 씨가 지금 자리에 없는데 혹시 어디에 있는지 아세요?
B: 지금 복도에서 전화를 하던데요. 한번 나가 보세요.

ex A: 마이클 씨가 한국 음식을 잘 먹을까요?
B: 전에 한식당에 같이 간 적이 있는데 한국 음식을 아주 잘 먹던데요.

ex A: 오늘 모임에 모두 참석한다고 했는데 마틴 씨는 왜 안 보이지요?
B: 회사에 무슨 일이 생겼는지 오늘 못 온다던데요.

ex A: 어제 수진 씨의 아기 돌잔치에 갔다 왔지요? 돌잔치는 어땠어요?
B: 재미있었어요. 수진 씨 가족과 친척, 그리고 친구들까지 사람들이 정말 많이 왔던데요.

ex A: 김 과장님께 드릴 말씀이 있는데요. 아직 사무실에 계실까요?
B: 제가 사무실에서 나오는 길인데 이미 퇴근하셨던데요.

ex A: 도서관에 가면 제임스 씨가 찾는 책이 있을 거예요.
B: 안 그래도 어제 가 봤는데 벌써 누가 빌려 갔던데요.

ex A: 흐엉 씨가 말한 영화 〈추억〉이 지난주에 개봉했는데 오늘 보러 갈래요?
B: 저도 어제 예매하려고 인터넷을 보니까 이번 주까지 이미 매진이던데요.

Focus Plus

- –던데요 can only be used to talk about something the speaker has experienced in person. Therefore, it is not used to talk about something the speaker has not directly experienced.

  ex A: 제이슨 씨가 어디에 있는지 아세요?
  B: 아까 보니까 제이슨 씨는 도서관에서 친구와 함께 있던데요.
  → If the person answering the question did not see Jason at the library in person, –던데요 cannot be used.

  ex A: 학교 앞에 새로 생긴 식당은 어때요?
  B: 가격도 싸고 맛있던데요.
  → If the person answering the question has not personally been to the new restaurant in front of the school, –던데요 cannot be used.

- When the subject is the speaker, –던데요 cannot be used. However, when indicating the speaker's mental state, mood, or feelings, the subject must be the speaker.

  ex 안나 씨가 커피숍에서 친구와 이야기하고 있던데요. (○)
  내가 커피숍에서 친구와 이야기하고 있던데요. (×)

  ex 나는 그 영화를 보고 나니까 스트레스가 확 풀리던데요. (○)
  안나 씨는 그 영화를 보고 나니까 스트레스가 확 풀리던데요. (×)

Answers

① A: 어제 헬스클럽에 등록했어요? 어땠어요?
B: 시설이 정말 좋던데요.

② A: 어제 입학시험을 봤어요? 어땠어요?
B: 시험이 생각보다 어렵던데요.

③ A: 어제 소개팅을 했어요? 어땠어요?
B: 성격도 좋고 사람이 괜찮던데요.

④ A: 어제 콘서트에 갔어요? 어땠어요?
B: 가수가 노래를 정말 잘 부르던데요.

⑤ A: 어제 고등학교 동창회에 갔어요? 어땠어요?
B: 친구들이 많이 변했던데요.

PART2 들어 봅시다 영화 감상에 대한 대화 듣기

p.46

Vocabulary & Expression

가슴이 찡하다

가슴이 찡하다 means ***to be touched***. It refers to a state when one is moved by something and one's heart is full.

ex 어제 본 영화의 마지막 부분이 너무 감동적이라서 가슴이 찡한 느낌이 들었다.

ex 다른 사람을 위해 봉사하는 사람들에 대한 기사를 읽으니 가슴이 찡했다.

Script

Jason	Yuki! I haven't seen you for a while. What did you do during the holidays?
Yuki	I rested and saw a lot of movies.
Jason	Wow! That sounds great. Which movie did you like best?
Yuki	Let's see. They were all fun but the movie titled "The Best Moment of Our Lives" was the most memorable.
Jason	Oh! I've seen that movie too.
Yuki	Really? In the final match scene, I choked up and almost cried.
Jason	Yes, it was really moving. My heart ached at the last scene, too. Perhaps it's because the movie is based on the true story of the women's handball team.
Yuki	You're right. The last scene, where the players refused to give up and did everything they could to make their dreams come true, was fantastic.
Jason	Yes. They lost the match but they did their best right up till the end. That last moment would have been the greatest moment in the players' lives.
Yuki	I agree. But Jason, what kind of movies do you like?
Jason	I like touching ones, but actually I prefer really exciting movies.
Yuki	Exciting movies?
Jason	Yes. I once saw the movie "The Monster." It was full of suspense and very realistic. The acting was great, too. It was really fun to watch.
Yuki	Really? I'll have to see it one day.

Answers

(1) ③ When the woman said she saw the movie 〈우리 생애 최고의 순간〉 in the holidays, the man said he had seen it too.

(2) ③ The woman said the last scene, where the players refused to give up and did everything they could to make their dreams come true, was fantastic and made her teary.

(3) ② The man said the movie 〈괴물〉 was not a touching one but an exciting one full of suspense. He also said the actors were very good.

Vocabulary & Expression

안 그래도

안 그래도 means ***actually, anyway, coincidentally***. It indicates that a situation is timely and is used in response to another person's statement in the form of 안 그래도 -(으)려고 했다.

ex A: 이 앞에 김밥 가게가 생겨서 김밥을 사 왔는데 좀 먹어 볼래요?
B: 그래요? 안 그래도 뭘 좀 먹고 싶었어요.

ex A: 오늘 날씨도 좋은데 야외로 바람 쐬러 나가는 건 어때?
B: 그럴까? 안 그래도 답답해서 밖으로 나가고 싶었는데 잘됐다.

답답하다

답답하다 means ***to feel anxious/frustrated***. This indicates the anxious or nervous state of mind when something does not produce the desired result or is unsatisfying. 답답하다 is also used when to describe a person who is inflexible and unable to adapt to changing situations, or a place which is too cramped for comfort.

ex A: 왜 다시 영어 공부를 시작하게 됐어?
B: 얼마 전에 외국인이 나한테 도움을 요청했는데 영어를 못해서 정말 답답했거든.

ex A: 침대를 놓기 전에는 몰랐는데 방이 좁은 것 같지 않아요?
B: 네. 침대가 너무 커서 방이 좁고 답답해 보여요.

Dialogue

Akira	What's that music you're listening to?
Wang Qian	It's the song "Loving You" by the Ewha Band.
Akira	Really? What's the song about?
Wang Qian	It's a sad song, expressing a person's feelings for the woman he loves. The lyrics are really convincing. Do you want to hear it? (After hearing the song)
Akira	The lyrics are great. The melody's attractive too.
Wang Qian	Sure. Do you like music as well? What kind of music do you usually listen to?
Akira	I listen to a lot of rock music these days.
Wang Qian	Rock? It's a bit loud...
Akira	It may be a bit loud, but nothing makes me feel better when I'm upset or frustrated. I feel relieved.
Wang Qian	Really? I'll have to listen to some. Actually, I've been really frustrated with my Korean language studies. Can you recommend some good songs?
Akira	Of course.

Vocabulary & Expression

제 곁

제 곁 means ***by my side***. It indicates a place right next to one. 곁 refers to the physical space by one's side, or a place psychologically close by.

ex A: 이 병원은 무엇보다 간호사들이 모두 친절해서 좋은 것 같아요.
B: 맞아요. 게다가 언제나 환자 곁에서 정성을 다해 돌봐 주시니까 안심이 돼요.

ex A: 아이가 엄마와 잠시도 떨어지기 싫어하는 것 같네요.
B: 우리 아이는 항상 제 곁에 있으려고 해서 화장실에 가기도 힘들 때가 많아요.

부담 없이

부담 없이 means ***with no burden***. In this case the burden refers to some duty or responsibility. It is used in expressions such as **부담이 없다, 부담이 되다,** or **부담을 가지다.**

ex A: 백화점 문화센터에서 하는 요리 교실은 어떤 점이 좋아요?
B: 보통 요리 학원은 비싼 편인데 문화센터는 부담 없이 다닐 수 있어서 좋아요.

설레다

설레다 means ***to feel excited*** or ***thrilled***. This refers to an unsettled state of mind in anticipation of something good.

ex A: 오랫동안 준비한 가족 여행이 이제 내일이네요.
B: 네. 오늘은 마음이 설레어서 잠도 오지 않을 것 같아요.

ex A: 오늘 퇴근 후에 초등학교 동창 모임이 있다면서요?
B: 네. 졸업한 후로 처음 만나는 자리인데 너무 오랜만이라서 벌써부터 마음이 설레네요.

Reading guide

This letter is a story sent by Kim Sujin to request a song on the radio. Read the letter focusing on her feelings, which song she requested, and the reason for requesting the song.
(☞ See 「이화 한국어 3-1」 p.50)

Answers

(1) ①, ③ She has started to develop feelings for a male friend she has known for a long time, and she is not only happy and excited but also afraid that she will lose him as a friend if she confesses.

(2) ④ Kim Sujin, who wrote the letter, and her male friend are old friends who grew up in the same neighborhood and went to the same elementary school and junior high school.

Vocabulary Expansion

마음이 가볍다

to feel carefree,
to be relieved

This means the worries and anxieties in one's mind have disappeared and one feels light and carefree.

ex 수진 씨는 행사 준비로 스트레스를 많이 받았는데 행사가 성공적으로 끝나면서 마음이 한결 가벼워졌다.

마음이 통하다

to think the same way,
to be on the same wave-length

This means two people's thoughts are similar and they understand each other well.

ex 친구가 많은 것보다 마음이 통하는 한두 명의 친구가 있는 것이 더 낫다.

마음을 놓다

to be at ease

This means to forget or to be freed from cares and worries.

ex 친구들과 여행을 떠난 동생이 걱정돼서 도저히 마음을 놓을 수가 없다.

마음을 먹다

to decide
(to do something)

This means to make a firm decision to do something.

ex 건강이 나빠진 미셸 씨는 올해부터 꾸준히 운동하기로 마음을 먹었다.

마음을 정리하다

to let go of someone
(from the heart)

This means to purposely forget about someone, or to end a real or one-sided relationship with another person.

ex 존슨 씨는 그동안 짝사랑했던 유키 씨 때문에 괴로워했는데 새로운 일을 시작하면서 유키 씨에 대한 마음을 정리할 수 있었다.

마음에 걸리다

to have something on one's mind

This means to feel uneasy about something.

ex 오랜만에 만난 친구를 섭섭하게 한 일이 나는 계속 마음에 걸렸다.

마음에 두다

to have someone or something in mind

This means to be unable to forget something and to keep thinking about it.

ex 마이클 씨는 평소 마음에 두고 있는 사람이 있어서 여자를 소개해 주겠다는 친구의 제안을 거절했다.

마음에 와 닿다

to be touching,
to be appealing

This means someone or something rouses feelings in or makes good impression.

ex 나는 소설을 읽을 때 마음에 와 닿는 표현이 있으면 바로 메모해 두는 습관이 있다.

Vocabulary Check

Part 1 준비합시다 01

- 우울하다 to be depressed
- 잘되다 to go well
- 불안하다 to be uneasy, to be anxious
- 들통이 나다 to be revealed
- 괴롭다 to be suffering

Part 1 준비합시다 02

- 조절하다 to adjust, to control
- 힘들다 to be hard
- 벼룩시장 flea market
- 수면제 sleeping pill
- 복용하다 to take
- 유창하다 to be fluent
- 말다툼을 하다 to quarrel, to argue
- 마음을 터놓다 to speak honestly, to speak openly
- 사과하다 to apologize

Part 1 들어 봅시다

- 신이 나다 to be excited
- 뿌듯하다 to be satisfied, to be proud
- 창피하다 to be ashamed
- 섭섭하다 to feel sorry
- 콧노래를 부르다 to hum happily
- 황홀하다 to be charmed, to be enchanted
- 지루하다 to be dull, to be bored
- 서투르다 to be clumsy, to be inexperienced

Part 1 말해 봅시다

- 거래처 client, customer
- 서류 papers, documents
- 직장 상사 superior at work, boss
- 꾸중을 듣다 to be scolded
- 지나치다 to be excessive
- 언짢다 to feel bad
- 혼을 내다 to scold
- 야단을 치다 to reprimand
- 속상하다 to feel upset, to feel flat
- 심각하다 to be serious, to be grave
- 마음에 두다 to worry about something
- 바람을 쐬다 to go on an outing
- 상쾌하다 to be exhilarating, to be refreshing
- 기분 전환이 되다 to feel better
- 훨씬 much more

Part 2 준비합시다 01

- 분위기가 좋다 to have a good atmosphere
- 적성에 맞다 to suit one's temperament
- 보수가 적다 to receive low pay
- 연기 acting

Part 2 준비합시다 02

- 야경 night view
- 장면 scene
- 감동적이다 to be moving, to be touching
- 등록하다 to enroll, to register
- 시설 facilities
- 눈물이 나다 to cry, to tear up

Part 2 들어 봅시다

- 흥미진진하다 to be exciting
- 실감이 나다 to be realistic
- 긴장감이 있다 to be suspenseful, to have tension
- 실화 true story
- 가슴이 뭉클하다 to have a lump in one's throat

- 경기하다 to play a (sports) match
- 포기하다 to give up
- 이기다 to win
- (운동)선수 (sports) player
- 순간 moment
- 가슴이 찡하다 to be moved, to be touched
- 넘치다 to overflow
- 훌륭하다 to be excellent

Part 2 말해 봅시다

- 곡 song
- 가요 Korean pop song
- 가사 lyrics
- 애절하다 to be sad, to be plaintive
- 가슴에 와 닿다 to be touching, to be appealing
- 가슴을 울리다 to move one's heart
- 멜로디 melody
- 감미롭다 to be sweet
- 록 rock music
- 시끄럽다 to be loud
- 답답하다 to feel heavy
- 속이 시원하다 to hit the spot
- 가슴이 확 트이다 to feel refreshed, to feel much relieved

- 안 그래도 in fact, actually

Part 3 읽어 봅시다

- 사연 story
- 신청곡 (song) request
- 우정 friendship
- 떠나다 to leave
- 이성 친구 friend of the opposite sex
- 어울리다 to suit (each other)
- 마음이 통하다 to think the same way
- 이야깃거리 things to talk about
- 부담이 없다 to be free of burden
- 진심 the bottom of one's heart
- 감추다 to hide
- 고백하다 to confess
- 마음을 정리하다 to (purposely) forget about someone
- 마음을 열다 to open one's mind
- 첫눈에 반하다 to fall in love at first sight

Part 3 어휘를 늘려 봅시다

- 집안일이 밀리다 to be behind with the chores
- 담배를 끊다 to quit smoking
- 아무래도 anyhow, anyway

Topic Vacabulary

Feelings

- 감정을 드러내다 to show one's feelings
- 감정을 억누르다 to hide one's feelings
- 감정이 메마르다 to have no feelings
- 감정이 솟구치다 to become emotional
- 감정이 풍부하다 to have strong feelings
- 삐치다 to be cross, to sulk
- 서운하다 to be sorry, to be upset
- 시무룩하다 to be glum, to be sullen, to have a long face

PART1 준비합시다 01 • -지그래요

p.58

Grammar Focus

-지그래요 is used to recommend a certain course of action to another person. It is a gentle expression, generally used in spoken language and attached to a verb.

Basic form	-지그래요	Basic form	-지그래요
가다	가지그래요	듣다	듣지그래요
보다	보지그래요	살다	살지그래요
먹다	먹지그래요	돕다	돕지그래요

ex A: 저는 한국 역사에 관심이 많은데 어디로 여행을 가는 게 좋을까요?
B: 그럼 경주로 여행을 가 보지그래요. 경주는 신라의 수도였잖아요.

ex A: 어제 구두를 하나 샀는데 집에 와서 신어 보니까 마음에 안 들어요.
B: 그럼 다른 것으로 바꾸거나 환불을 하지그래요.

ex A: 강남은 오늘 처음 가는데 어떻게 가야 할지 잘 모르겠어요.
B: 길을 잘 모르면 택시를 타지그래요.

ex A: 미국에 있는 친한 친구 생일인데 어떤 선물이 좋을까요?
B: 여자 친구예요? 그럼 화장품을 선물해 보지그래요.

ex A: 휴대 전화가 자꾸 고장이 나요.
B: 수리해도 자꾸 고장이 나면 그냥 새 걸로 사지그래요.

Focus Plus

- The past form of -지그래요 is -지그랬어요 and is used to express regret that something was not done in the past.

ex A: 어제 감기 기운이 있었는데도 계속 일하신 거예요? 아프면 좀 쉬지그랬어요.
B: 저는 시간이 좀 지나면 괜찮아질 거라고 생각했거든요.

Answers

A: 다음 주 토요일이 남자 친구와 만난 지 100일이 되는 날이에요. 뭘 하면 좋을까요?

① B: 분위기 좋은 식당을 예약하지그래요.
분위기 좋은 식당에서 함께 식사를 하면 정말 기억에 남을 거예요.

② B: 방송에 축하 사연을 보내지그래요. 남자 친구와 함께 방송을 들으면 정말 기분이 좋을 거예요.

③ B: 놀이공원에 가서 놀지그래요.
놀이공원에 가서 사진을 많이 찍으면서 놀면 좋은 추억으로 남을 거예요.

④ B: 남이섬으로 같이 여행을 가지그래요.
남이섬에서 단풍이 물든 나무 사이를 걸으면 정말 기분이 좋을 거예요.

⑤ B: 기념으로 반지를 맞추지그래요.
남자 친구와 같은 반지를 함께 끼고 있으면 두 사람 사이가 더욱 좋아질 거예요.

Grammar Focus

-(으)ㄹ 뿐(만) 아니라 is used to indicate not only the content of the preceding clause but also the content of the following clause. -았/었을 뿐(만) 아니라 is used to add the occurrence of a new circumstance to the past circumstances.

Basic form	-(으)ㄹ 뿐(만) 아니라	Basic form	-(으)ㄹ 뿐(만) 아니라
바쁘다	바쁠 뿐만 아니라	듣다	들을 뿐만 아니라
좋다	좋을 뿐만 아니라	살다	살 뿐만 아니라
오다	올 뿐만 아니라	가수이다	가수일 뿐만 아니라
먹다	먹을 뿐만 아니라	학생이다	학생일 뿐만 아니라

ex A: 이번 연휴에 강원도로 여행을 갈까 하는데 어떨까요?
B: 좋지요. 강원도는 음식도 맛있을 뿐만 아니라 구경할 것도 많아서 여행하기에 아주 좋은 곳이에요.

ex A: 양파에는 몸에 좋은 성분이 많다고 들었는데 정말 그런가요?
B: 네, 맞아요. 양파는 피로 회복에도 좋을 뿐만 아니라 암을 예방하는 효과까지 있어서요.

ex A: 사람들이 쇼핑할 때 동대문 시장에 많이 가는 이유가 뭐예요?
B: 동대문 시장은 다양한 물건을 팔 뿐만 아니라 값도 싸서 쇼핑하기 좋은 것 같아요.

ex A: 요즘 문화센터에서 전통 요리를 배우고 있지요? 요리 수업은 어때요?
B: 음식을 직접 만들 수 있을 뿐만 아니라 수업 후에 만든 것을 함께 나눠 먹을 수도 있어서 좋아요.

ex A: 강원도까지 갔었는데 왜 등산을 하지 못하고 그냥 돌아왔어요? 날씨가 안 좋았어요?
B: 네. 눈이 많이 왔을 뿐만 아니라 바람까지 심하게 불어서 도저히 등산을 할 수 있는 상황이 아니었어요.

ex A: 저 분은 원래 가수 아닌가요? 그런데 출판 기념회도 하네요.
B: 아, 수지 씨 말이에요? 수지 씨는 가수일 뿐만 아니라 소설가로도 아주 유명해요.

Focus Plus

- When attached to a noun, it takes the form of N뿐(만) 아니라.

ex A: 이번에 새로 나온 화장품은 어떤 특징이 있나요?
B: 이 제품은 여성뿐만 아니라 남성들도 사용할 수 있도록 만든 것이 특징이에요.

ex A: 안나 씨, 죄송하지만 이번 주말 모임에 저는 참석하기가 어려울 것 같아요.
B: 이번 모임은 학생들뿐만 아니라 선생님도 참석하기로 했으니까 흐엉 씨도 참석하면 좋겠는데요.

- –(으)ㄹ 뿐(만) 아니라 is used when the content of the preceding clause and that of the following clause are both positive or when they are both negative.

  ex 우리 동네는 교통이 좋을 뿐만 아니라 아주 조용해요. (○)
  우리 동네는 교통이 좋을 뿐만 아니라 아주 시끄러워요. (×)

- To emphasize the meaning, expressions such as –기도 하다 or –기까지 하다 can be used in the clause following –(으)ㄹ 뿐(만) 아니라.

  ex 어제는 눈이 많이 왔을 뿐만 아니라 바람이 심하게 불었어요.
  (=심하게 불기도 했어요)
  (=심하게 불기까지 했어요)

Answers

A: 유키 씨, 오랜만이에요. 방학 때 뭐 하면서 보냈어요?

① B: 태권도를 배웠어요.
태권도는 건강에 좋을 뿐만 아니라 자신을 스스로 보호할 수도 있어서 좋은 것 같아요.

② B: 한라산 정상에 올랐어요.
한라산 정상에 올라가면 맑은 공기를 마실 수 있을 뿐만 아니라 아름다운 경치도 볼 수 있어서 좋아요.

③ B: 가족과 자원봉사를 했어요.
자원봉사를 통해서 보람 있는 일을 했을 뿐만 아니라 가족과 함께 시간을 보낼 수 있어서 좋았어요.

④ B: 아르바이트를 했어요.
아르바이트를 하면서 돈을 벌 수 있었을 뿐만 아니라 한국어 실력도 향상되어서 정말 좋았어요.

⑤ B: 요리 동호회에 가입했어요.
요리 동호회는 맛있는 음식을 직접 만들어 먹을 수 있을 뿐만 아니라 한국 친구들도 많이 사귈 수 있어서 좋은 것 같아요.

Tell me!

Korean family names

Q In many countries, when a woman marries she takes her husband's family name but Korean women continue to use their maiden names even after marriage. What's the reason for this?

A In the past, the family name was an indication of a person's social class and background. As marriage meant the formation of close ties between two families, women kept their own family names through life. In modern society, the family name is no longer an indication of social status but the tradition is maintained and Korean women continue to use their maiden names after marriage.

Vocabulary & Expression

자신감

자신감 means ***confidence*** or ***self assurance***. It indicates that one firmly believes in one's ability to do something or the probability of some situation or incident. It is used in expressions such as 자신감이 생기다, 자신감이 없다, 자신감을 키우다, or 자신감을 가지다.

ex A: 사장님이 이번 프로젝트를 나에게 맡겼는데 내가 잘해낼 수 있을까?
B: 그럼. 어떤 일이든지 자신감을 가지고 노력하면 꼭 성공할 수 있으니까 힘내.

Script

(1) Yuki: Julian, what do you usually do on the weekend?
Julian: On the weekend, I go to a club and dance.
Yuki: Really? Is it fun going to a club?
Julian: Of course. Not only can you relieve stress but also meet people who like the same kind of music.

(2) Jason: Wang Qian, where have you been?
Wang Qian: I've just come back from Mt. Namsan after taking photos.
Jason: Photos? Do you like taking photos?
Wang Qian: Yes. I started taking photos not long ago, but life has become more interesting since I started going around taking pictures. If you look at the world through the camera lens, you can discover new things and what's more, it seems to put the mind at ease. Why don't you learn photography, Jason?

(3) Marie: I'm so bored these days. Isn't there anything fun going on?
Akira: I'm learning how to make soap these days and it's great. Marie, why don't you learn how to make soap, too.
Marie: Do you make soap on your own? What materials do you use to make it?
Akira: You can make it with herbs such as rosemary and peppermint, or you can use lemons or rice.
Marie: Sounds good, especially as it's made with all the ingredients that you like.
Akira: Yes, it's good because you can choose not only the materials but also the shape you want. You can also give it to your friends for a present.

Answers

(1) ②, ④ The man answered that he liked going to clubs because he could relieve stress and meet people who liked the same kind of music.

(2) ① The woman said that taking photos made life more interesting and also brought peace of mind and that through the camera lens she could see the world in a different way.

(3) ③ When asked about the ingredients used to make soap, the man said lemons and rice could be used. He also said that he was learning how to make soap these days, and that when making soap he could choose the shape that he wanted.

Vocabulary & Expression

래프팅 말고 다른 것

래프팅 말고 다른 것 means ***something besides rafting***. This is an expression that can be used when rafting has been suggested but you want a recommendation of something else, besides rafting. 말고 is attached to a noun and means not the thing mentioned earlier.

ex A: 기차 시간이 좀 남았는데 커피 마시면서 이야기나 할까?
B: 좋아. 그런데 커피 말고 시원한 팥빙수 같은 건 어때? 커피는 벌써 마셨거든.

한번

한번 means ***once*** or ***one time***. It is generally followed by –아/어 보다 and means trying something once to see what it is like. When expressing turns or number of times, the two syllables have a space between them, as in 한 번, 두 번, 세 번 etc.

ex 치마가 마음에 들면 가격이 얼마인지 직원한테 한번 물어보세요.

ex 외국 여행을 할 때는 그 나라 전통 음식을 꼭 한번 먹어 봐야 해요.

Dialogue

Kim Sujin	What do you do in your free time, Yuki?
Yuki	Nothing in particular. So I'm thinking of taking up some sport. Do you have any good ideas?
Kim Sujin	I went rafting last week, and it was a lot of fun. You like outdoor activities, so why don't you give rafting a try?
Yuki	Rafting? Well... Actually, I'm afraid of water. Is there anything else besides rafting?
Kim Sujin	Then what about hiking? There are a lot of good mountains in Seoul.
Yuki	I've never been hiking. Isn't it a bit difficult?
Kim Sujin	It is a bit difficult at first, but you'll be alright after a few times. If you go hiking, it's not only healthy, you can enjoy the beautiful scenery at the same time.
Yuki	Really? I'd like to try it after hearing you talk about it.
Kim Sujin	Luckily, I've arranged to go to Mt. Bukhansan next Saturday with a friend. Would you like to come too?
Yuki	Next Saturday? Okay. But do I have to prepare anything in particular?
Kim Sujin	No. Just make sure you wear comfortable clothes and hiking boots or sneakers.
Yuki	Okay. Then I'll see you next Saturday.

 p.64

Grammar Focus

-(으)ㄴ/는 줄 알다/모르다 indicates that one is aware or unaware of a certain fact. -는 줄 알다/모르다 is attached to a verb and takes the form of -(으)ㄴ 줄 알다/모르다 when used to talk about a past fact. -(으)ㄴ 줄 알다/모르다 is attached to an adjective too.

Basic form	-는 줄 알다/모르다	(으)ㄴ 줄 알다/모르다
바쁘다	-	바쁜 줄 알다/모르다
짧다	-	짧은 줄 알다/모르다
오다	오는 줄 알다/모르다	온 줄 알다/모르다
먹다	먹는 줄 알다/모르다	먹은 줄 알다/모르다
듣다	듣는 줄 알다/모르다	들은 줄 알다/모르다
살다	사는 줄 알다/모르다	산 줄 알다/모르다
주부이다	주부인 줄 알다/모르다	주부였는 줄 알다/모르다
학생이다	학생인 줄 알다/모르다	학생이었는 줄 알다/모르다

ex A: 지난 주말에 한 티엔 씨의 송별회를 왜 나한테는 말 안 했어?
B: 어제 네가 중요한 일이 있다고 했잖아. 저녁까지 계속 바쁜 줄 알고 연락을 안 했는데 미안해.

ex A: 수진 씨가 남자 친구에게 주려고 직접 초콜릿을 만들었던데요.
B: 네? 수진 씨에게 남자 친구가 있어요? 저는 수진 씨에게 남자 친구가 있는 줄 몰랐어요.

ex A: 마틴 씨 나라와 비교해서 서울의 물가는 어때요? 좀 싼 편이지요?
B: 아니에요. 저도 서울에서 살기 전에는 물가가 싼 줄 알았는데 막상 생활해 보니 그렇지도 않네요.

ex A: 마이클 씨, 음악 소리를 좀 줄여 주세요. 지금 아기가 자고 있어요.
B: 아, 죄송해요. 아기가 자는 줄 몰랐어요. 소리를 줄일게요.

ex A: 아키라 씨, 오늘 저녁은 학교 앞에 있는 식당에서 먹을까요?
B: 학교 앞까지 나가는 거보다 그냥 학생 식당에서 먹는 건 어때요?
A: 6시가 넘었는데 아직 학생 식당이 하나요? 저는 벌써 문을 닫은 줄 알았어요.

ex A: 혹시 책상 위에 있던 책 못 봤어? 오늘 숙제를 하려면 꼭 필요한 책인데.
B: 그래? 난 그 책을 다 읽은 줄 알고 어제 도서관에 반납했는데 어떡하지?

ex A: 제이슨 씨는 남자인데 머리도 길고 머릿결도 정말 좋은 것 같아요.
B: 네, 맞아요. 저는 사실 제이슨 씨를 처음 봤을 때 뒷모습만 보고 여자인 줄 알았어요.

ex A: 커피 맛이 이상한데 수진 씨는 그렇지 않아요?
B: 어머! 소금이 설탕인 줄 알고 넣었나 봐요. 정말 미안해요.

Focus Plus

- -(으)ㄹ 줄 알다/모르다 is used when one has wrongly guessed that something would happen or when one's prediction proves to be incorrect.

  ex A: 유키 씨, 날씨가 맑은데 왜 우산을 가지고 왔어요?
  B: 아침에는 날씨가 흐려서 비가 올 줄 알았어요. 그런데 오후가 되니까 날씨가 맑네요.

  ex A: 어제 민수 씨가 파티에 안 왔지요?
  B: 네. 저는 민수 씨가 파티 장소를 물어봐서 파티에 올 줄 알았어요.
  그런데 급한 일이 있었는지 안 왔네요.

  ex A: 왜 이렇게 일찍 오셨어요? 아직 시간이 많이 남았는데요.
  B: 토요일이라서 길이 막힐 줄 알고 일찍 출발했거든요.
  그런데 길이 하나도 안 막혀서 일찍 도착했어요.

- N인 줄 알다/모르다 can have two different meanings depending on points of emphasis.

  ex 사람들은 우리가 친구인 줄 아나 봐요.
  → When you are not friends but people mistake you for friends, the emphasis is placed on 친구.
  → When you really are friends but try to hide the fact, the emphasis is placed on 아나 봐요. In this case it means you tried to hide the fact that you are friends but everybody knows it.

Answers

① A: 우리 학교 앞에서 만나기로 했지요?
B: 네? 학교 앞요? 저는 지하철역에서 만나기로 한 줄 알았어요.

② A: 우리 버스를 타고 가기로 했지요?
B: 네? 버스요? 저는 기차를 타고 가는 줄 알았어요.

③ A: 우리 콘도에서 묵기로 했지요?
B: 네? 콘도요? 저는 펜션에서 묵는 줄 알았어요.

④ A: 우리 2박 3일 동안 여행하기로 했지요?
B: 네? 2박 3일요? 저는 3박 4일 동안 여행하는 줄 알았어요.

⑤ A: 우리 회비가 13만원이지요?
B: 네? 13만원요? 저는 회비가 14만원인 줄 알았어요.

Grammar Focus

-(으)ㄹ 때마다 is a compound of -(으)ㄹ 때 and 마다, and it is used to express the time of a repeated action or situation. It is attached to an adjective or a verb. The adjective is generally related to emotions.

Basic form	-(으)ㄹ 때마다	Basic form	-(으)ㄹ 때마다
기쁘다	기쁠 때마다	오다	올 때마다
우울하다	우울할 때마다	먹다	먹을 때마다
늦다	늦을 때마다	듣다	들을 때마다
좋다	좋을 때마다	살다	살 때마다

ex A: 수진 씨는 학교에 올 때 무엇을 타고 와요?
B: 저는 보통 버스를 타요. 그런데 수업에 늦을 때마다 택시를 타요.

ex A: 강아지가 왜 이렇게 꼬리를 흔들어요? 기분이 좋은가 봐요.
B: 네. 우리 집 강아지는 기분이 좋을 때마다 꼬리를 그렇게 흔들어요.

ex A: 유키 씨, 왜 그래요? 무슨 일 있어요?
B: 영화가 너무 슬퍼서요. 벌써 이 영화를 두 번 봤는데 영화를 볼 때마다 눈물이 나요.

ex A: 오늘따라 왜 이렇게 음식을 많이 먹어요?
B: 스트레스를 받아서 그래요. 전 스트레스를 받을 때마다 음식 먹는 걸로 풀거든요.

ex A: 또 커피를 마셔요? 벌써 세 잔째 아닌가요?
B: 너무 졸려서요. 저는 공부하면서 졸릴 때마다 커피를 이렇게 마셔요.

Focus Plus

- It can be attached to a noun in the form of N 때마다.

ex A: 도서관에 사람이 왜 이렇게 많지요? 빈자리가 없는 것 같아요.
B: 시험 때마다 도서관에 자리 잡기 힘들어요. 그러니까 내일은 좀 더 일찍 와 봐요.

Answers

① A: 안나 씨는 화상 채팅을 자주 해요?
B: 네, 저는 가족이 보고 싶을 때마다 화상 채팅을 해요.

② A: 줄리앙 씨는 자주 리듬에 맞춰 신나게 춤을 춰요?
B: 네, 저는 댄스 음악을 들을 때마다 리듬에 맞춰 신나게 춤을 춰요.

③ A: 흐엉 씨는 자주 친구와 통화하면서 외로움을 달래요?
B: 네, 저는 외로울 때마다 친구와 통화하면서 외로움을 달래요.

④ A: 마리 씨는 자주 초콜릿을 먹으면서 기분을 풀어요?
B: 네, 저는 우울할 때마다 초콜릿을 먹으면서 기분을 풀어요.

⑤ A: 제이슨 씨는 자주 콧노래를 흥얼거려요?
B: 네, 저는 기분이 좋을 때마다 콧노래를 흥얼거려요.

Vocabulary & Expression

트럼펫을 불다

트럼펫을 불다 means ***to play the trumpet***. It refers to playing a piece of music on the trumpet. 불다 is used to indicate performance on a wind instrument, as in 플루트를 불다 or 하모니카를 불다.

ex A: 마틴 씨는 아버지의 어떤 모습이 가장 기억에 남아요?
B: 아버지께서는 트럼펫을 부는 것을 좋아하셨는데 그 모습이 아직도 기억나요.

ex A: 새로 배우기 시작한 트럼펫 어때? 재미있어?
B: 네가 트럼펫 부는 걸 봤을 때는 사실 쉬워 보였는데 직접 해 보니까 소리를 내기도 힘들던데.

Script

Reporter A while ago, there was a popular TV drama about a community orchestra. Since then civic orchestras have been growing more popular. Here I am at a rehearsal of the Ewha Orchestra. At my side is Kim Dong-jin, conductor of the orchestra. Hello. Could you please tell us about the orchestra.

Conductor This orchestra is made up of ordinary people in the community who love music. Anyone interested in music is welcome to take part. Some of the members are trained musicians but we also have a lot of students, housewives, and office workers who come because they love music.

Reporter Is that right? When I first heard them play, I thought they were all professional musicians. Let's talk to the gentleman over there playing the trumpet. Hello. How did you become a member of Ewha Orchestra?

Member I've always been interested in music. When I saw the ad to recruit members about six months ago, I thought I'd come and give it a try. I keep coming because I can meet a lot of nice people and learn how to play music at the same time. It's great.

Reporter Looks like you're enjoying yourself. By taking part in an orchestra like this, you can not only play music but meet a lot of nice people. This has been Lee So-yeon reporting.

Answers

(1) ② The reporter asked about the civic orchestra, and the conductor and one of the members told her a little bit about it.

(2) ③ The reporter said that under the influence of a TV drama, civic orchestras had been growing more popular.

Vocabulary & Expression

얼마나 중요한 건지 몰라?

얼마나 중요한 건지 몰라? means ***don't you know how important it is?*** In other words, it indicates that something is indeed very important. 얼마나 –(으)ㄴ지 is used to emphasize the significance of the situation or thing that has just been mentioned.

ex A: 엄마, 공부가 잘 안 돼서 그러는데 밖에 나가서 친구와 이야기 좀 하고 올게요.
B: 너는 이번 시험이 얼마나 중요한 건지 몰라? 공부는 하지 않고 이렇게 놀기만 하면 어떡하니?

ex A: 정 과장, 어제 부탁한 프로젝트 보고서는 준비되었나요?
B: 죄송합니다, 사장님. 다른 업무 때문에 아직 마무리하지 못했습니다.
A: 아니, 정 과장은 이번 프로젝트가 얼마나 중요한 건지 몰라요?
빨리 보고서 마무리해서 가져오세요.

지금 막 예약하고 오는 길이다

지금 막 예약하고 오는 길이다 means ***I've just made a booking***. It indicates one is on the way back from making a booking. 막 means "just a moment ago" or "right now."

ex A: 수진 씨, 오늘 회식 장소를 미리 예약해야 하지 않을까요?
B: 안 그래도 식당에 들러서 지금 막 예약하고 오는 길이에요.

Dialogue

Anna	Julian, did you book a venue for the performance?
Julian	Yes. I did it just before coming here.
Anna	You booked the Student Union Hall, didn't you?
Julian	What? Was I supposed to book the Student Union Hall?
Anna	Don't you remember? At the last meeting we decided that the Student Union Hall would be better because it's bigger than the Alumni Hall.
Julian	I thought we were going to perform in the Alumni Hall like we did last year.
Anna	Quickly ring the Student Union Hall and see if we can book it for the 15th.
Julian	The 15th of next month? Wasn't it the 25th?
Anna	What? Julian, our concert is on the 15th of next month.
Julian	Ah... I thought it was the 25th.
Julian	Don't you know how important our annual concert is? How could you mess up every time we prepare a concert? Please pay attention in the meetings and make sure you take notes.
Julian	Yes. I'm really sorry. I'll make sure this never happens again. And I'll phone the Student Union Hall right away and see if it's possible to make a booking.

Vocabulary & Expression

마치 물고기가 된 것처럼

마치 물고기가 된 것처럼 means ***as if (I) were a fish***. This indicates that a person, who is obviously not a fish, moves as comfortably in the water as if he/she were a fish. 마치 N처럼 and 마치 N이/가 된 것처럼 means that someone feels like N.

ex 잠수함을 타고 바다 속에 들어갔을 때 내가 마치 물고기가 된 것처럼 느껴졌다.

ex 처음 비행기를 탔을 때 나는 마치 하늘을 나는 새가 된 것처럼 기분이 좋았다.

탈피하다

탈피하다 means ***to escape from, to overcome***. It means to be completely removed from the state or situation mentioned just before. 탈피하다 is used in the form of N에서 탈피하다.

ex 김미라 씨는 최근 출연한 드라마 덕분에 연예계에서 그동안 자신이 가지고 있었던 청순한 이미지에서 탈피할 수 있었다고 밝혔다.

ex 현대인들은 누구나 반복되는 일상생활에서 한번쯤 탈피하고 싶다는 생각을 해 봤을 것이다.

경치에 취하다

경치에 취하다 means ***to be entranced with the scenery***. It indicates one finds the scenery so beautiful that one is dazed and speechless.

ex 한라산 정상에 처음 올라가 본 하오밍 씨는 눈앞에 펼쳐진 아름다운 경치에 흠뻑 취했다.

ex 안나 씨는 카페에서 흘러나오는 음악에 취해서 멍하니 커피 잔만 바라보고 있었다.

Reading Guide

This piece of writing is an ad recruiting members for a scuba diving club. Read it to find out what sort of people the club is targeting, what the benefits of joining the club are, and when the club's meeting dates and times are. (☞ See 『이화 한국어 3-1』 p.70)

Answers

(1) ③ The scuba diving club charges a membership fee that covers the use of equipment.

(2) ② In promoting the benefits of scuba diving, the ad says if you join the scuba diving club, you can not only stay in shape but also enjoy the wonderful ocean scenery. Moreover, you can also touch seaweed and coral inside the water with your own hands.

Vocabulary Expansion

시간이 가다
time marches on, time goes by

This means that time passes or elapses.

ex 힘든 일을 하면 시간이 정말 느리게 가는 것 같은데 즐거운 일을 하면 시간이 참 빨리 가는 것 같다.

시간이 지나다
time passes

This means that one escapes from a certain situation thanks to the passage of time.

ex 지금은 이해하기 힘든 것이라도 언젠가 시간이 지나면 이해되는 것들이 많이 있다.

시간이 흐르다
time flows

This means that time goes by.

ex 벌써 20년이라는 시간이 흐르고 많은 것이 변했지만 그때의 기억들은 아직도 내 마음 속에 그대로 남아 있다.

시간이 나다
to have time

This means to have time to do something.

ex 수진 씨는 회사 업무로 늘 바쁘지만 시간이 날 때마다 틈틈이 외국어 공부를 하고 있다.

시간을 벌다
to earn time

This means to that one gains unexpected time because something is cancelled or delayed.

ex 흐엉 씨는 공부할 시간을 벌기 위해 학교 바로 옆에 있는 하숙집으로 이사하기로 했다.

시간을 보내다
to spend time

This means to use one's time doing something.

ex 마리 씨는 연휴 동안 부모님과 함께 여행을 하면서 여유롭게 시간을 보낼 예정이다.

시간을 쪼개다
to make time

This means to find time in a busy schedule to do something in particular.

ex 영민 씨는 바쁜 일상 중에도 시간을 쪼개서 불우한 이웃들을 위해 봉사 활동을 하고 있다.

시간에 쫓기다
to be short of time

This means to be so busy that one has almost no free time.

ex 현대인들은 바쁜 직장 생활로 항상 시간에 쫓기며 살아가기 때문에 식사를 거르는 경우가 많다.

Vocabulary Check

Part 1 준비합시다 01

- 분위기 atmosphere, mood
- 기념 anniversary, memorial
- 반지를 맞추다 to order a ring
- 추억하다 to reminisce

Part 1 준비합시다 02

- 저렴하다 to be cheap
- 잘 나가다 to sell well, to be popular
- 작가 author, writer
- 피부 미용 skincare
- 한옥 traditional Korean house
- 자신 self
- 스스로 for/by oneself
- 보호하다 to protect
- 맑다 to be clear
- 자원봉사 volunteer work
- 보람 satisfaction, worthiness
- 향상되다 to improve, to progress
- 가입하다 to join
- 사귀다 to date, to make a friend

Part 1 들어 봅시다

- 클럽 club
- 비누 soap
- 비즈 공예 bead craft
- 해소하다 to solve
- 취향 tastes, preferences
- 자신감 confidence
- 쌀 rice

Part 1 말해 봅시다

- 야외 outdoors
- 래프팅 rafting
- 수락하다 to agree, to permit
- 실은 in fact, actually
- 게다가 moreover
- 산 정상 top of the mountain, summit
- 한눈에 보다 to see at once
- 챙겨 가다 to bring, to take, to pack
- 바둑 두기 to play baduk, to play go
- 여럿이 several people
- 밴드 band

Part 2 준비합시다 01

- 콘도 condominium
- 펜션 pension
- 회비 membership fee

Part 2 준비합시다 02

- 졸리다 to be sleepy
- 최신 latest
- 화상 video
- 채팅 chatting
- 리듬에 맞추다 to match the rhythm
- 달래다 to console
- 기분을 풀다 to appease
- 흥얼거리다 to hum

Part 2 들어 봅시다

- 트럼펫 trumpet
- 불다 to play
- 시민 citizen
- 오케스트라 orchestra
- 단원 member
- 모집 recruit
- 전공하다 to major in
- 모임 gathering

Part 2 말해 봅시다

- 반복되다 to be repeated
- 정기 공연 regular concert
- 착각하다 to delude oneself, to be confused
- 실수 mistake, error
- 매번 every time
- 자꾸 frequently
- 진심 sincerity
- 주의하다 to be careful
- 행사 event

Part 3 읽어 봅시다

- 스쿠버 다이빙 scuba diving
- 동호회 club
- 일상 everyday life
- 탈피하다 to escape from
- 맛보기 힘들다 to be difficult to taste/ experience
- 독특하다 to be unique
- 눈을 맞추다 to make eye contact with
- 하늘거리다 to sway
- 해초 seaweed
- 산호 coral
- 경치에 취하다 to be entranced with the scenery
- 몸매를 가꾸다 to stay in shape
- 장비 equipment
- 마치 as if, like
- 전문가 expert, professional
- 이용료 (usage) fee
- 포함되다 to be included
- 추억 memories

Part 3 어휘를 늘려 봅시다

- 연기되다 to be delayed, to be postponed

Topic Vocabulary

Leisure Time

- 겨를이 없다 to have no time for
- 시간을 때우다 to fill in the time
- 심심풀이로 하다 to do (something) to spend time
- 여가를 누리다 to enjoy leisure
- 여가 시간을 활용하다 to make use of leisure time
- 여흥을 즐기다 to enjoy an entertainment
- 자기 계발을 하다 to engage in self-help/ self-development
- 재충전을 하다 to recharge
- 짬이 나다 to gain a moment
- 오락 시설을 확충하다 to expand recreation facilities
- 휴식을 취하다 to take a rest
- 휴양을 즐기다 to enjoy a vacation

 p.78

Grammar Focus

사동사 refers to a causative verb. That is, the subject does not act on its own but is caused to move or reaches a certain state through another person, animal, or object. Causative verbs are made by attaching −이−, −히−, −리−, −기−, −우−, or −추− to some verbs or adjectives.

	Basic form	Causative verb	Basic form	Causative verb		Basic form	Causative verb	Basic form	Causative verb
이	먹다 보다	먹이다 보이다	녹다 끓다	녹이다 끓이다	기	남다 맡다	남기다 맡기다	신다 웃다	신기다 웃기다
히	눕다 앉다	눕히다 앉히다	익다 식다	익히다 식히다	우	서다 자다	세우다 재우다	깨다 쓰다	깨우다 씌우다
리	알다 늘다	알리다 늘리다	얼다 울다	얼리다 울리다	추	낮다	낮추다	늦다	늦추다

ex A: 요즘 남편의 머리가 자꾸 빠지는 걸 보니까 남편이 스트레스를 많이 받는 것 같아요. 좋은 방법이 없을까요?
B: 콩이 탈모 예방에 도움이 된다고 하니까 남편에게 한번 먹여 보세요.

ex A: 차를 끓여 왔는데 좀 마시면서 일하세요.
B: 고마워요. 그런데 차가 아직 뜨거우니까 조금 식힌 후에 마실게요.

ex A: 수진 씨는 왜 친구들한테 인기가 많아요?
B: 재미있는 말을 많이 해서 항상 사람들을 잘 웃기거든요.

ex A: 엄마, 주스를 시원하게 해서 마시고 싶은데 혹시 얼음이 있어요?
B: 어제 냉동실에 얼음을 얼려 놓았으니까 넣어서 먹어.

ex A: 쇠고기 국을 끓이려고 하는데 뭐부터 할까요?
B: 냉동실에 있는 고기를 꺼내서 그것부터 녹여야 할 것 같은데요.

ex A: 내일 일찍 회사에 출근해야 하는데 좀 깨워 주실 수 있어요?
B: 네. 그런데 몇 시에 깨워 드리면 돼요?

ex A: 요즘 피부에 탄력이 없어진 것 같아서 걱정이에요.
B: 피부 노화를 늦추는 영양 크림이 많으니까 한번 써 보세요.

Focus Plus

- N하다 verbs such as 운동하다 or 목욕하다 can be turned into N시키다 verbs to make the causative form.

ex A: 아주머니, 아기가 일어나면 우선 목욕 좀 시켜 주시겠어요?
B: 네, 그럴게요.

ex A: 요즘 우리 아이 체력이 무척 약해져서 걱정이에요.
B: 그러면 아이에게 운동을 좀 시키세요.

- Sentence forms using a causative verb are as follows.

(1) 앉히다, 웃기다, 세우다, 깨우다, 끓이다, 태우다, etc. are frequently used in the following type of sentences.

N1이/가	V
환자가	살았어요

↘ ↓

N2이/가	N1을/를	Causative verb
의사가	환자를	살렸어요

(2) 먹이다, 읽히다, 알리다, 맡기다, 들리다, 씌우다, etc. are frequently used in the following type of sentences.

N1이/가	N2을/를	V
아기가	우유를	먹어요

↘ ↘ ↓

N3이/가	N1에게	N2을/를	Causative verb
어머니가	아기에게	우유를	먹여요

(3) 벗기다, 씻기다, etc. are frequently used in the following type of sentences.

N1이/가	N2을/를	V
아기가	옷을	벗어요

↘ ↘ ↓

N3이/가	N1의	N2을/를	Causative verb
할머니가	아기의	옷을	벗겨요

Answers

① 어머니가 아기를 씻겨요.

② 어머니가 아기의 옷을 벗겨요.

③ 어머니가 아기를 유모차에 태워요.

④ 어머니가 아기에게 모자를 씌워요.

⑤ 어머니가 아기의 신발을 신겨요.

Grammar Focus

(이)든지 indicates that it doesn't matter what one chooses among several options. It is used with interrogatives such as 누구, 언제, 어디, 무엇, or 어떻게. It is sometimes used with 간에 or 상관없이 to emphasize the meaning.

Basic form	(이)든지	Basic form	(이)든지
누구	누구든지	어디	어디든지
뭐	뭐든지	무슨 노래	무슨 노래든지
언제	언제든지	무엇	무엇이든지
어떻게	어떻게든지	어떤 음식	어떤 음식이든지

ex A: 이번에 새로 나온 노트북은 뭐가 좋아요?
B: 다른 것들보다 기능이 간단해서 누구든지 쉽게 사용할 수 있어요.

ex A: 선생님 덕분에 이번 문제가 잘 해결됐어요.
B: 그래요? 또 도움이 필요하면 언제든지 찾아오세요.

ex A: 이번 방학에 뭐 할 거예요? 특별한 계획이 있어요?
B: 아니요. 그런데 작년에 못 갔으니까 올해는 어디든지 꼭 가려고요.

ex A: 식사를 주문하려고 하는데 뭘 먹고 싶어요?
B: 전 뭐든지 괜찮으니까 수진 씨가 먹고 싶은 걸로 하세요.

ex A: 과장님, 작성해야 할 보고서가 좀 많은데 이건 다음 주까지 하면 안 될까요?
B: 이건 급한 거니까 이것부터 이번 주에 어떻게든지 끝내도록 하세요.

ex A: 이번 노래 대회에서 어떤 노래를 부르는 게 좋을까요?
B: 글쎄요. 신나는 노래라면 무슨 노래든지 괜찮을 것 같은데요.

Focus Plus

- (이)든지 is attached to postpositions such as 에서, 에게/한테, 에게서/한테서 to form 에서든지, 에게든지, and 에게서든지.

ex A: 주말에 꽃구경을 가려고 하는데 어디에 가면 좋을까요?
B: 봄에는 전국 어디에서든지 예쁜 꽃을 볼 수 있어요.

Answers

① A: 주말에 어디에 여행을 갈까요?
B: 안 가 본 곳 중에서 어디든지 가요.

② A: 누가 이 노래를 알까요?
B: 20대의 젊은 사람들은 누구든지 알 거예요.

③ A: 내일 방송에서 무엇을 물어볼까요?
B: 궁금한 것이 있으면 무엇이든지 물어보세요.

④ A: 이 문제를 어떻게 해결할 수 있을까요?
B: 해결하는 방법은 어떻게든지 상관없어요.

⑤ A: 이 교통카드를 어디에서 사용할 수 있어요?
B: 서울 시내 어디에서든지 사용할 수 있어요.

Vocabulary & Expression

찬물에 담그다

찬물에 담그다 means ***to soak in cold water.*** 담그다 means to put something in liquid.

ex A: 뜨거운 것에 데었을 때는 어떻게 해야 합니까?
B: 우선 데인 부분을 빨리 찬물에 담그는 게 중요합니다. 그리고 10분쯤 후에 약을 바르세요.

Script

(1) Julia	Doctor, I think my baby has caught a cold.
Doctor	What are the symptoms?
Julia	He has a fever and a runny nose. He was very sick the last time he had a fever. I'm worried that it will happen again. What should I do if he runs a fever in the middle of the night? Should I take him to an emergency room?
Doctor	This time his cold is not so bad. But if he suddenly runs a high fever, you have to bring it down. First, give him some fever medicine. Next, take his clothes off and wipe him with a wet towel. Then the fever should go down.
Julia	Should I keep giving him the medicine till the fever goes down?
Doctor	No. Just once every 4-5 hours. It's not good to give the baby too much medicine. If the fever doesn't go down, the cause may be something other than a cold. In that case you should take him to the emergency room.
(2) Doctor	What's the problem today?
Julia	My baby got burnt with hot water. Will he be okay?
Doctor	He's not badly burnt. He'll be alright. For a burn, the wound should be soaked in cold water for 10-15 minutes to bring the temperature down. Did you do that before coming here?
Julia	Yes. I soaked the burn in cold water for about five minutes.
Doctor	Then it should be fine. For minor burns, cool the burn down with cold water, wipe it with a clean towel and then apply the ointment. But for serious burns, the best thing to do is go to the hospital as quickly as possible.

Answers

(1) ③ When a baby has a fever, first feed the baby some fever medicine, take his clothes off, and then wipe his body with a wet towel to bring the fever down.

(2) ① When a child gets a burn, before taking him to the hospital the burn has to be soaked in cold water for 10-15 minutes to take the temperature down.

Vocabulary & Expression

감기 기운이 있다

감기 기운이 있다 means ***to have symptoms/show signs of a cold.*** This indicates that one has early signs of a cold or the aches and pains.

ex A: 안색이 안 좋아 보이는데 무슨 일 있으세요?
B: 밖에 오래 있어서 그런지 몸이 으슬으슬 추운 게 감기 기운이 있네요.

급한 일이 생겨서 그러는데

급한 일이 생겨서 그러는데 means ***something urgent suddenly came up.*** It is used when you have to ask someone to do something for you because you have something urgent to look after. The favor one asks comes in the following clause.

ex A: 지금 제가 급한 일이 생겨서 그러는데 이 보고서를 좀 복사해 주실 수 있어요?
B: 네, 부장님. 그런데 몇 부를 복사해 드릴까요?

ex A: 오늘 휴대 전화를 집에 두고 와서 그러는데 휴대 전화를 한 번만 빌려 쓸 수 있을까요?
B: 그럼요. 여기 있어요.

Dialogue

Julia	Excuse me. Could I ask you for a favor?
Woman	What is it?
Julia	Something suddenly came up. Do you think you could look after my baby for a while?
Woman	Yes, of course. For how long?
Julia	Two hours should be fine. Thank you so much.
Woman	Don't worry. Anytime.
Julia	Oh, I haven't fed the baby yet. Could you give him the bottle about 30 minutes later?
Woman	Alright. Should I give him a bath?
Julia	He's showing signs of a cold. Could you just wash his hands and face.
Woman	Is there anything else?
Julia	Could you give him some cold medicine after you feed him his milk. And please keep him warm. The medicine, milk, and clothes are all in this bag. Thank you.
Woman	Don't worry. Go and take care of business.
Julia	I'm really grateful. I don't know how to repay this favor.
Woman	Oh, it's nothing.

Grammar Focus

The use of −아/어도 indicates the action in the following clause must take place regardless of the action or state in the preceding clause. It is used when the result anticipated by the content of the preceding clause does not appear in the following clause.

Basic form	−아/어도	Basic form	−아/어도
바쁘다	바빠도	만들다	만들어도
작다	작아도	돕도	도와도
보다	봐도	의사	의사여도
먹다	먹어도	학생	학생이어도

ex A: 요즘은 바빠서 아침 식사를 못 하는 경우가 많아요.
B: 그래요? 건강을 생각해서 바빠도 아침 식사는 꼭 하는 게 좋아요.

ex A: 이 수학 문제는 잘 안 풀리니까 다른 문제부터 풀어 볼까요?
B: 문제가 어려워도 일단 시작했으니까 끝까지 해 볼래요.

ex A: 택시를 타면 제시간에 도착할 수 있겠지요?
B: 글쎄요. 지금은 출근 시간이라서 택시를 타도 늦을 것 같은데요.

ex A: 아침부터 뭘 그렇게 정신없이 찾고 있어요?
B: 혹시 제 열쇠 못 봤어요? 빨리 나가야 하는데 아무리 찾아봐도 안 보이네요.

ex A: 마리 씨, 이번 방학 때 친구들과 함께 여행 갈래요?
B: 글쎄요. 저는 방학이어도 아르바이트 때문에 시간이 없어서 못 갈 것 같아요.

Focus Plus

- When −아/어도 is used with 아무리, it indicates a very high degree or great extent.

ex 나는 아무리 바빠도 아침에 신문을 꼭 봐요.

ex 예전부터 갖고 싶었던 가방이니까 아무리 비싸도 살 거예요.

Answers

① A: 제이슨 씨, 이를 닦고 자는군요.
B: 네. 저는 아무리 피곤해도 꼭 이를 닦고 자요.

③ A: 제이슨 씨, 하루에 세 끼를 먹는군요.
B: 네. 저는 아무리 시간이 없어도 하루에 꼭 세 끼를 챙겨 먹어요.

⑤ A: 제이슨 씨, 담배를 피우지 않는군요.
B: 네. 저는 아무리 스트레스가 많이 쌓여도 담배를 피우지 않아요.

② A: 제이슨 씨, 1시간마다 목과 어깨 운동을 하는군요.
B: 네. 저는 업무가 많아서 아무리 바빠도 1시간마다 목과 어깨 운동을 꼭 해요.

④ A: 제이슨 씨, 정기적으로 건강 검진을 받는군요.
B: 네. 저는 아무리 비용이 많이 들어도 정기적으로 건강 검진을 받아요.

Grammar Focus

–게 하다 indicates that one person tells or allows another person to do something. It is attached to a verb and has the causative meaning.

Basic form	–게 하다	Basic form	–게 하다
보다	보게 하다	먹다	먹게 하다
쉬다	쉬게 하다	입다	입게 하다
자다	자게 하다	듣다	듣게 하다
오다	오게 하다	놀다	놀게 하다

ex A: 우리 어머니께서 요즘 많이 피곤해하시네요. 어떻게 하면 좋을까요?
B: 그럴 때는 며칠 동안 집에서 푹 쉬시게 하세요.

ex A: 요즘 아이가 밤에 잠을 안 자서 고민이에요.
B: 아기가 낮잠을 많이 자서 그럴 거예요. 낮에 너무 오랫동안 자지 않게 해 보세요.

ex A: 영수 씨, 고등학교 때 부모님께서 절대로 못 하게 한 게 뭐였어요?
B: 우리 부모님은 절대로 TV를 밤늦게까지 못 보게 하셨어요.

ex A: 아내 분이 요즘에도 회사에 다니세요?
B: 아니요. 회사 일로 스트레스를 많이 받는 것 같아서 제가 회사를 그만두게 했어요.

ex A: 요즘 우리 남편 몸무게가 부쩍 늘었어요.
B: 그럼 지방이 많은 음식을 피하게 하고 저녁에 한 시간 정도 규칙적으로 운동하게 하세요.

ex A: 우리 아이는 다른 아이들에 비해 키가 작은 편이라서 걱정이에요.
B: 많이 자면 키가 크니까 일찍 잠자리에 들게 하세요.

ex A: 남편이 스트레스 때문에 담배를 너무 많이 피워서 걱정이에요.
B: 남편 건강을 위해서 담배를 꼭 끊게 하세요.

Focus Plus

- Causative verbs created by attaching –이–, –히–, –리–, –기–, –우–, or –추– can only be used for some words, but –게 하다 can be used with all words. Also, as shown in the following, there is a difference when attaching –이–, –히–, –리–, –기–, –우–, or –추– and when attaching –게 하다.

ex 어머니가 아이에게 밥을 먹였다.

→ The sentence example using the causative verb 먹이다 means that the mother, the subject, either fed the child or had the child feed himself.

ex 어머니가 아이에게 밥을 먹게 했다.

→ The sentence example using 먹게 하다 means that the mother told the child to eat and that the child hence ate his meal on his own.

● Sentence forms using -게 하다 are as follows.

(1)

N1이/가	V
남편이	쉬어요

↘ ↓

N2이/가	N1을/를	사동사
아내가	남편을	쉬게 해요

(2)

N1이/가	N2을/를	V
아이가	책을	찾아요

↘ ↘ ↓

N3이/가	N1에게	N2을/를	사동사
어머니가	아이에게	책을	찾게 해요

Answers

① A: 우리 어머니가 갑자기 몸무게가 너무 줄어서 걱정이에요. 어떻게 하면 좋을까요?
B: 영양제를 드시게 하세요. 그러면 다시 건강을 회복하실 수 있을 거예요.

② A: 남자 친구가 머리카락이 너무 빠져서 걱정이에요. 어떻게 하면 좋을까요?
B: 전문가에게 상담을 받게 하세요. 그러면 탈모 방지에 좋은 방법을 들을 수 있을 거예요.

③ A: 우리 딸이 변비로 고생해서 걱정이에요. 어떻게 하면 좋을까요?
B: 채소를 많이 먹게 하세요. 그러면 변비가 나을 거예요.

④ A: 남편이 불면증으로 너무 고생하는데 어떻게 하면 좋을까요?
B: 자기 전에 따뜻한 물로 목욕하게 하세요. 그러면 도움이 좀 될 거예요.

⑤ A: 아이가 눈이 너무 나빠서 걱정이에요. 어떻게 하면 좋을까요?
B: 가까이에서 TV를 보지 않게 하세요. 그러면 눈이 나빠지는 걸 예방할 수 있을 거예요.

 p.86

Vocabulary & Expression

노화를 늦추는 효과가 있다고요?

노화를 늦추는 효과가 있다고요? means ***(you say) it is effective for anti-aging?*** It indicates that one person said something is effective for anti-aging and the other person is asking if it is really true. -(으)ㄴ/는다고요 is used here to express surprise and reconfirm the other person's words.

ex A: 이번에 우리 회사에서 새로 출시한 화장품은 피부 노화를 늦추는 효과가 있습니다.
B: 이번 신제품이 피부 노화를 늦추는 효과가 있다고요?
직접 경험해 보지 않고는 그 효과를 믿을 수 없을 것 같은데요.

ex A: 치매 예방과 노화 방지에 도움이 되는 과일로는 사과나 딸기가 대표적이지요.
B: 사과나 딸기를 많이 먹는 것이 치매를 예방하고 노화를 늦춘다고요? 과일이 몸에 좋은 건 알지만 그런 효과가 있는 줄 몰랐네요.

Script

Host	Hello everybody. It's time for "Ask Whatever You Like." Today we're going to talk about health food that is easy to prepare. Doctor, could you tell us about some foods that are healthy and also easy to eat and prepare?
Expert	Yes, two major foods that are simple and healthy are green tea and tomatoes. Both are especially well-known for their anti-aging effects.
Host	Really? I eat a lot of both. You say they have an anti-aging effect?
Expert	Yes, that's right. And they not only slow down aging but are also great for the skin.
Host	So they're both good for the skin, too. What other benefits do they have?
Expert	From the olden days, green tea has been famous for clearing the head and the eyes. It's known to prevent cancer and enhance the memory. It also lowers blood pressure, so those with high blood pressure should drink green tea often.
Host	All viewers out there, after your meal, try a cup of hot green tea rather than coffee. So, what about tomatoes? What benefits do they have?
Expert	Tomatoes aid digestion. Since they're low in calories, they can be eaten in large quantities, which means they're good for people who want to lose weight.
Host	I see. Thank you so much for the information you've given us today.

Answers

(1) ③ Tomatoes are a good food to eat if you want to lose weight.

(2) ④ The expert said one of the benefits of tomatoes was that they aided digestion.

Vocabulary & Expression

효과가 없다

효과가 없다 means ***to have no effect***. This indicates that the action one has taken to achieve a certain goal or purpose has not been worthwhile or effective. It is used in expressions such as 효과가 있다, 효과가 크다, 효과를 거두다, or 효과를 보다.

ex 다이어트를 열심히 해도 규칙적으로 운동하지 않으면 효과가 없지요.

ex 정부가 발표한 정책이 경제를 살리는 데 큰 효과가 없는 것으로 나타났다.

담백한 음식

담백한 음식 means ***simple/plain food***. This refers to food that is low in fat and has a clean taste. 담백하다 is generally used to explain the taste of food, but it is also used to describe a simple person without greed.

ex 이 요리는 특별한 양념 없이 음식 재료 자체의 맛을 살려서 아주 담백한 편이에요.

ex 점심 때 기름진 음식을 먹어서 저녁에는 담백한 음식을 먹으면 좋겠어요.

Dialogue

Pharmacist	Come in. What can I do for you?
Julia	I'd like to buy some nutritional supplements.
Pharmacist	Who are they for?
Julia	My husband. He's in his early 30s, but these days he's suddenly put on weight and is tired all the time.
Pharmacist	You must be worried. Sudden weight gain can lead to a number of adult diseases.
Julia	Yes. That's why I'm worried.
Pharmacist	Adult diseases are hard to treat, so it's better that you try to prevent them in everyday life. Dietary habits are the most importance factor.
Julia	Then how should we eat to prevent adult diseases?
Pharmacist	Salty food is not good for you, so base your diet around simple, plain tasting foods. Does your husband exercise?
Julia	No. He's so busy that he doesn't do any exercise.
Pharmacist	If he doesn't exercise, the best medicine won't do him any good. No matter how busy he is, make him do some exercise. If he exercises regularly and takes these supplements, he'll be alright.
Julia	Yes, I understand. Thank you.

Vocabulary & Expression

또한

또한 means ***and*** or ***in addition***. Based on some premise, it indicates the addition of something equal or greater in meaning. 또한 is used after a noun or between sentences or clauses.

ex A: 새로 이사할 집을 찾으셨다면서요? 정말 다행이네요.
B: 네. 그동안 이사 문제로 고민이 많았는데 그게 해결되니까 공부 또한 잘될 것 같네요.

ex A: 일상생활의 스트레스를 어떻게 해소하면 좋을까요?
B 하루에 30분 정도 가볍게 운동을 하세요. 운동을 통해 스트레스를 풀 수 있습니다. 또한 심리적 불안감이나 긴장감을 줄이는 데도 도움이 됩니다.

덜

덜 means ***less***. It indicates something below or weaker than a certain standard or level. 덜 is the opposite of 더.

ex A: 마이클 씨, 지난번에 말한 책 다 읽었으면 제가 좀 빌릴 수 있을까요?
B: 어떡하지요? 아직 덜 읽었는데요. 제가 다 읽으면 수진 씨에게 말씀 드릴게요.

ex A: 이 운동화가 마음에 드는데 한번 신어 볼 수 있을까요?
B: 물론입니다. 새로 나온 상품인데 발에 피로감을 덜 주도록 가볍고 편한 재질로 만들어져서 요즘 인기가 많아요.

ex A: 올해 겨울은 생각보다 춥지 않지요?
B: 네. 작년에는 춥고 눈도 많이 왔었는데 올해는 덜 추운 거 같아요.

Reading Guide

This passage discusses ways to deal with health problems. Read it to find out what sort of health problems come from stress and the ways to deal with those problems.
(☞ See 「이화 한국어 3-1」 p.90)

Answers

(1) 스트레스는 질병에 쉽게 걸리게 하고 심하게는 암에 걸리게 한다는 연구 결과가 있기 때문이다.

(2) ③ Research reports show that stress increases our chances of falling ill and in some cases even leads to cancer. Also, various mental and physical irregularities may be caused by stress. When you are very stressed, it is better to avoid sweet foods and alcohol and eat a lot of fresh fruit and vegetables.

Vocabulary Expansion

–아/어하다 is generally attached to adjectives such as 좋다, 싫다, 슬프다, and 기쁘다 that indicate a person's state of mind in order to form a verb.

피곤해하다
to feel tired

ex A: 오늘 무슨 날이에요? 왜 이렇게 장을 많이 보셨어요?
B: 요즘 남편이 너무 피곤해하는 것 같아서 오늘은 영양식을 준비해 보려고요.

괴로워하다
to distressed, to suffer from

ex A: 안나 씨 요즘은 좀 어때요? 부모님을 잃었을 때 정말 힘들어 보였어요.
B: 그때는 많이 괴로워했는데 요즘에는 봉사 활동을 다니면서 아픔을 잊으려고 노력하고 있어요.

슬퍼하다
to be sad

ex A: 마리 씨한테 무슨 일이 있었어요? 표정이 안 좋아 보이던데요.
B: 며칠 전에 남자 친구와 헤어졌다고 들었는데 아마 그래서 그럴 거예요. 마리 씨가 많이 슬퍼하지 않았으면 좋겠네요.

지루해하다
to be bored

ex A: 물리학 수업이 그렇게 재미있어요? 나도 한번 들어 봐야겠어요.
B: 네. 교수님이 수업을 너무 재미있게 하시니까 학생들이 전혀 지루해하지 않는 것 같아요.

안타까워하다
to be sorry

ex A: 수진 씨가 형편이 어려워서 유학을 포기하고 돌아가야 한다면서요?
B: 저도 그 말을 들었어요. 친구들도 도와주고 싶지만 좋은 방법이 없어서 안타까워하고 있어요.

외로워하다
to be lonely

ex A: 마리 씨는 집에 강아지가 있는데 왜 또 한 마리를 더 키우려고 하세요?
B: 강아지를 한 마리만 키우니까 내가 외출할 때 강아지가 너무 외로워하는 것 같아서요

힘들어하다
to find something difficult

ex A: 여보, 요즘 미술 학원이나 음악 학원에 다니는 아이들이 많은데 우리 수민이도 보내는 게 어때요?
B: 글쎄요. 수업 후에 학원까지 다니면 아이가 너무 힘들어하지 않을까요?

불안해하다
to be anxious, to be worried

ex A: 이번 입학시험에 떨어질까 봐서 정말 걱정이에요.
B: 너무 불안해하지 마세요. 그동안 열심히 준비했으니까 좋은 결과가 있을 거예요.

Vocabulary Check

Part 1 준비합시다 01

- 입히다 — to clothe
- 깨우다 — to wake
- 노화 — aging
- 늦추다 — to delay
- 체중 — weight
- 줄이다 — to decrease, to reduce
- 먹이다 — to feed
- 유모차 — pram, stroller
- 앉히다 — to seat
- 씻기다 — to wash
- 태우다 — to burn
- 씌우다 — to cover
- 신기다 — to put on
- 벗기다 — to strip, to take off

Part 1 준비합시다 02

- 기능 — function
- 군대에 가다 — to join the army, to do one's military duty
- 보고서 — report
- 전국 — nationwide
- 젊다 — to be young
- 해결하다 — to solve
- 시내 — downtown

Part 1 들어 봅시다

- 해열제 — fever medicine
- 응급실 — emergency room
- 찬물 — cold water
- (열이) 내리다 — (fever) to go down
- 데다 — to get a burn
- 상처 — wound
- (열을) 식히다 — to bring down (fever)
- (약을) 바르다 — to apply (ointment)
- (물에) 담그다 — to soak (in water)
- 응급 처치 — first aid
- 효과적 — effective

Part 1 말해 봅시다

- 맡기다 — to leave, to entrust
- 돌보다 — to look after
- (아기를) 보다 — to take care of (baby)
- 안심시키다 — to reassure
- 볼일 보다 — to take care of chores, to do one's business
- 감기 기운이 있다 — to show symptoms of a cold

Part 2 준비합시다 01

- 천천히 — slowly
- 업무 — work, business, task
- 세 끼 — three meals
- 정기적 — regular
- 건강 검진을 받다 — to have a medical checkup
- 스트레스가 쌓이다 — to be stressed
- 과식하다 — to overeat

Part 2 준비합시다 02

- 출장 — business trip
- (몸무게가) 줄다 — to lose (weight)
- 영양제 — nutritional supplement
- 머리카락이 빠지다 — one's hair falls out
- 검은콩 — black bean
- 변비 — constipation
- 불면증 — insomnia
- 안과 — ophthalmology
- 진료받다 — to have a medical examination

Part 2 들어 봅시다

- 암 — cancer
- 예방하다 — to prevent
- 혈압 — blood pressure
- 낮추다 — to decrease, to lower
- 소화가 되다 — to be digested
- 콜레스테롤 — cholesterol
- 기억력 — memory
- 효능 — effects, benefits
- 높이다 — to increase, to raise

Part 2 말해 봅시다

- (체중이) 늘다 — to gain (weight)
- 피곤해하다 — to be tired
- 성인병 — adult disease
- 식습관 — dietary habits
- 담백하다 — to be simple, to be plain
- 위험 — danger, risk
- 평소 — usually, at normal times
- 신선하다 — to be fresh, to be new
- 해롭다 — to be harmful
- 지방 — fat
- 열량 — calories
- 탄산음료 — carbonated drink
- 인스턴트식품 — instant food
- 효과 — effect
- 과로하다 — to overwork
- 꾸준히 — steadily
- 남편 분 — husband
- 칼슘 — calcium
- 무릎 — knees
- 물리 치료 — physiotherapy

Part 3 읽어 봅시다

- 증상 — symptom, sign
- (피부가) 거칠다 — (skin) to be rough
- 피로 — fatigue
- 근육 — muscle
- 능률 — efficiency
- 떨어지다 — to fall, to decline
- 만병 — all kinds of diseases
- 근원 — source, root, origin
- 해소법 — solution
- 정신적 — mental, psychological
- 신체적 — physical
- 질병 — disease
- 연구 결과 — research results
- 불안감 — anxiety
- 긴장감 — tension
- 줄어들다 — to decrease
- 땀을 흘리다 — to sweat
- 스트레스를 날려 보내다 — to relieve stress
- 기분 전환 — change of mood
- 도심 — downtown
- 안정시키다 — to stabilize, to steady someone
- 순환 — circulation
- 일시적 — temporary

Part 3 어휘를 늘려 봅시다

- 집안 형편 — family circumstances

 p.98

Grammar Focus

-(으)ㄴ/는 반면(에) indicates that the content of the preceding clause and that of the following clause are in contrast to each other. In the case of an adjective it is used in the form of –(으)ㄴ 반면에, while in the case of a verb it is used in the form of –는 반면에. In the case of a verb, when the content of the preceding clause is about the past, –(으)ㄴ 반면에 is used, and -(으)ㄴ/는 반면 without 에 can be used too.

Basic form	–(으)ㄴ 반면(에)	–는 반면(에)
싸다	싼 반면에	–
넓다	넓은 반면에	–
힘들다	힘든 반면에	–
보다	본 반면에	보는 반면에
읽다	읽은 반면에	읽는 반면에
놀다	논 반면에	노는 반면에
듣다	들은 반면에	듣는 반면에

ex A: 지방에서 살다가 서울에 오셔서 살아 보니까 어때요?
B: 서울은 쇼핑할 곳이 많아서 좋은 반면에 생활비가 많이 들어서 힘들어요.

ex A: 새로 나온 컴퓨터의 성능이 아주 뛰어나다고요?
B: 네. 성능은 뛰어난 반면에 다른 컴퓨터에 비해서 가격은 다소 비싼 편입니다.

ex A: 요즘 봉사 활동을 하신다면서요? 직접 해 보니까 어때요?
B: 봉사 활동을 하니까 몸은 좀 힘든 반면에 보람을 느낄 수 있어서 좋아요.

ex A: 외국에서 생활한 지 벌써 1년이 지났는데 생활하기가 어때요?
B: 외국 생활은 새로운 문화를 경험할 수 있는 장점이 있는 반면에 언어가 달라서 힘든 점도 많아요.

ex A: 힘들게 입사한 회사를 그만두었다면서요? 왜 그랬어요?
B: 그 회사는 조건이 좋았던 반면에 일을 너무 많이 시켜서 힘들었거든요.

ex A: 마이클 씨는 한국에 오래 살아서 한국어에 자신이 있지요?
B: 그렇지 않아요. 한국 친구와 함께 살아서 말하기는 좀 잘하는 반면에 쓰기는 정말 못해요.

ex A: 태풍으로 피해를 입은 지역 주민들은 모두 대피했나요?
B: 그렇습니다. 대부분의 주민들은 이미 떠난 반면에 일부 주민은 남아서 피해 지역 복구에 힘쓰고 있습니다.

ex A: 김 기자, 요즘 술의 종류에 따라 판매량이 달라지고 있다고요?
B: 네, 그렇습니다. 아무래도 여름이 되니까 소주 판매량이 조금 줄어든 반면 맥주 판매량은 늘고 있다고 합니다.

Focus Plus

- If the contents of the preceding and following clauses are not opposite, -(으)ㄴ/는 반면(에) cannot be used. In such cases, -(으)ㄴ/는 반면(에) can be replaced with -(으)ㄹ 뿐만 아니라 or -기도 하고.

  ex 이번 신약은 기존의 약에 비해서 효과가 빠른 반면에 가격도 저렴하다. (×)
  이번 신약은 기존의 약에 비해서 효과가 빠를 뿐만 아니라 가격도 저렴하다. (○)
  이번 신약은 기존의 약에 비해서 효과가 빠르기도 하고 가격도 저렴하다. (○)

  ex 그 회사는 조건이 좋은 반면에 집과 거리도 가까워서 출퇴근이 편하다. (×)
  그 회사는 조건이 좋을 뿐만 아니라 집과 거리도 가까워서 출퇴근이 편하다. (○)
  그 회사는 조건이 좋기도 하고 집과 거리도 가까워서 출퇴근이 편하다. (○)

- When connecting two sentences, 반면(에) can be used in front of the second sentence.

  ex 지하철을 이용하는 승객이 작년에 비해 많이 늘었다.
  반면에 버스를 이용하는 승객의 수는 다소 감소했다.

  ex 최근 채소 값은 조금 상승했다. 반면 과일 값은 계속해서 떨어지고 있다.

  ex A: 자유 여행과 비교해서 패키지여행은 어떤 장단점이 있을까요?
  B: 우선 패키지여행은 안내원이 있으니까 현지 언어를 몰라도 쉽게 즐길 수 있지요.
  반면에 개인적으로 일정을 조정할 수 없어서 불편할 수도 있습니다.

Answers

① A: 서울에서 집을 구하는 것은 어때요?
B: 글쎄요. 부동산도 많고 좋은 집도 많은 반면에 집값이 너무 비싸요.

② A: 서울에서 지하철을 타는 것은 어때요?
B: 글쎄요. 노선이 많아서 어디든지 갈 수 있는 반면에 출퇴근 시간에 사람이 너무 많아요.

③ A: 서울에서 식당을 이용하는 것은 어때요?
B: 글쎄요. 음식 값이 싸고 메뉴가 다양한 반면에 한국어를 모르면 주문하기 어려워요.

④ A: 서울에서 시장을 이용하는 것은 어때요?
B: 글쎄요. 물건 값이 저렴한 반면에 주차하기 어려워요.

⑤ A: 서울에서 길 찾는 것은 어때요?
B: 글쎄요. 길에서 사람들이 친절하게 가르쳐 주는 반면에 길이 복잡해서 정신없어요.

Grammar Focus

만큼 indicates a similar degree, level, or extent when comparing the preceding noun with another noun. It is attached to a noun.

Noun	만큼	Noun	만큼
친구	친구만큼	고향	고향만큼
어머니	어머니만큼	한국 음식	한국 음식만큼

ex A: 서울에서 오래 사셨는데 살아 보니까 어떠세요?
B: 오래 사니까 이제는 제 고향만큼 서울을 좋아하게 되었어요.

ex A: 수진 씨 하숙집 방은 교실과 비교해서 어때요? 더 넓어요?
B: 아니요. 제 방은 교실만큼 넓지 않아요.

ex A: 영민 씨는 키가 크니까 영민 씨의 형도 키가 클 것 같은데요.
B: 아니요. 우리 형은 저만큼 키가 크지 않아요.

ex A: 오랜만에 그 식당에 다시 가 보니까 어땠어요?
B: 정말 오랜만에 가서 기대했는데 옛날만큼 맛있지 않았어요.

ex A: 민호 씨, 장소이 씨는 중국 사람인데 일본어를 정말 잘하시네요.
B: 네. 장소이 씨는 일본에서 10년 이상 살아서 일본 사람만큼 일본어를 해요.

ex A: 지금은 출퇴근 시간도 아닌데 출퇴근 때만큼 막히네요.
B: 그렇네요. 보통은 이렇게 안 막히는데…….

Focus Plus

- 만큼 is often used in the form N만큼 –(으)ㄴ/는 것은 없다, which means N이/가 가장, N이/가 제일 –하다.

ex 결혼 생활에서 믿음만큼 중요한 것은 없다.
(= 믿음이 가장 중요하다)

ex 여행에서 맛있는 음식만큼 큰 즐거움을 주는 것은 없다.
(= 맛있는 음식이 가장 큰 즐거움을 준다)

ex 세상에서 친구만큼 나를 잘 이해해 주는 사람은 없다.
(= 친구가 나를 가장 잘 이해해 준다)

Answers

① A: 한국 음식이 매워요? 얼마나 매워요?
B: 한국 음식은 멕시코 음식만큼 매워요.

② A: 서울의 야경이 아름다워요? 얼마나 아름다워요?
B: 서울은 홍콩만큼 야경이 아름다워요.

③ A: 여자 친구가 예뻐요? 얼마나 예뻐요?
B: 제 여자 친구는 영화배우만큼 예뻐요.

④ A: 오늘 길이 많이 막혔어요? 얼마나 막혔어요?
B: 오늘은 길이 토요일만큼 막혔어요.

⑤ A: 남자 친구를 사랑해요? 얼마나 사랑해요?
B: 저는 남자 친구를 하늘만큼 사랑해요.

Vocabulary & Expression

공기가 탁하다

공기가 탁하다 means that ***the air is thick***. 탁하다 means that something is not clean because there is some other matter mixed with it. It is used in expressions such as 물이 탁하다 or 색이 탁하다.

ex A: 겨울철에는 계속 난방을 하니까 실내 공기가 너무 탁한 것 같아요.
B: 그럼 창문을 활짝 열어서 환기를 하는 게 좋겠네요.

Script

(1) Changho What's it like living in Seoul?
Mari Well, it's a bit tough. The transportation in Seoul is convenient but the pollution is serious. The place I used to live was not as busy as Seoul. It had a lot more mountains and forests. Perhaps that's why I'm still not used to crowded places and the jammed roads. When I go downtown, the air is so thick that I sometimes get a headache.

(2) Changho What's it like living in Seoul?
Huong It's great fun. I go out a lot now that I know my way around and am used to the subway. It's as comfortable as home now.
Changho What's the best thing about living in Seoul?
Huong I like going to see movies and concerts. Seoul's great because it has a lot of cinemas and concert halls. There are also a variety of cultural venues such as museums and art galleries. On the other hand, the cost of living is high. I spend a lot of money on basic living expenses.

(3) Sujin You eat hot food as well as any Korean.
Jason Of course. I've been living in Seoul for three years already. It was a bit hard at first when I wasn't used to the food, but now I love hot food.
Sujin Really? Isn't there anything you find hard about living in Seoul?
Jason Everything is fine, but I sometimes find it hard when eating out with my friends. I do everything slowly, but Seoulites seem to want to do everything fast. So whenever I do anything with my Seoul friends, it's a bit difficult. But while Seoulites may be a bit impatient, they are full of energy and life.

Answers

(1) ② The woman said her hometown had more mountains and forests than Seoul.

(2) ② The woman said she liked Seoul because there were a lot of cinemas and concert halls as well as cultural venues such as museums and art galleries.

(3) ③ The man said that on the negative side Seoulites might be impatient, but on the positive side they were full of energy and life.

Vocabulary & Expression

갈까 말까

갈까 말까 means ***should I go or not***. This indicates the speaker is wondering whether to go or not. –(으)ㄹ까 말까 is used when one is thinking of doing something but cannot easily decide whether to do it or not.

ex A: 졸업 후에 유학을 가고 싶은데 부모님께 부담이 될까 봐서 갈까 말까 고민 중이에요.
B: 그런 문제라면 혼자 고민하지 말고 부모님과 상의해 보는 게 어때요?

ex A: 이번 명절에는 기차표를 못 구해서 고향에 내려갈까 말까 생각 중이에요.
B: 길이 좀 막히겠지만 버스를 타고 내려가도록 하세요. 부모님께서도 기다리실 거예요.

잘하고 있어요?

잘하고 있어요? means ***Is everything going well?*** This is used to ask someone if the thing they are doing is proceeding as planned. Similar expressions are 어떻게 되어 가고 있어요? and 잘돼 가요?

ex A: 수진 씨, 이제 곧 원서 접수 기간인데 진학 준비는 잘하고 있어요?
B: 네. 원서도 모두 준비를 했고 추천서도 받아 놓았어요. 이제 접수 날짜만 기다리고 있어요.

ex A: 김 과장, 지난주에 부탁한 보고서는 어떻게 되어 가고 있어요?
B: 보고서 작성을 마쳤습니다. 지금 보고를 드리러 갈까요?

Dialogue

Yeongmin	Richard, is your job hunting going well?
Richard	Yes. I applied to a few places and got accepted at one.
Yeongmin	That's great. It's so hard to get a job these days. Congratulations. But what is that look on your face? Is something worrying you?
Richard	Yes, I got accepted but I'm wondering whether to take the job or not.
Yeongmin	What do you mean? Don't you like the company?
Richard	It's not quite like that, but the company is not located in Seoul. That makes me a bit hesitant. I've never lived in the provinces.
Yeongmin	That is a bit of a worry.
Richard	Yes. Living in the provinces won't be quite as convenient as Seoul.
Yeongmin	That's unavoidable. The provinces may be less convenient but they're also less busy. The pollution will be a lot less and prices will be lower, which is good. The people are good-hearted as well.
Richard	I agree.
Yeongmin	Seoul and the provinces both have advantages and disadvantages. Think seriously about what kind of company it is and decide carefully.
Richard	Thanks Yeongmin. I'll give it some more thought.

Grammar Focus

-(으)ㄹ걸요 is used to make a guess about something that has yet to happen or something one does not know well. When guessing that something may have happened in the past -았/었을걸요 is used. The emphasis is placed on the end by raising the voice.

Basic form	-(으)ㄹ걸요	-았/었을걸요
바쁘다	바쁠걸요	바빴을걸요
좋다	좋을걸요	좋았을걸요
오다	올걸요	왔을걸요
먹다	먹을걸요	먹었을걸요
있다	있을걸요	있었을걸요
주부이다	주부일걸요	주부였을걸요
학생이다	학생일걸요	학생이었을걸요

ex A: 유키 씨의 여동생도 유키 씨처럼 예쁠까요?
B: 글쎄요. 저도 여동생을 본 적은 없는데 유키 씨를 닮았으면 아마 예쁠걸요.

ex A: 다음 주가 마리 씨의 생일인데 반 친구들과 스카프를 선물하는 건 어때요?
B: 마리 씨는 스카프를 좋아하니까 이미 스카프가 많을걸요. 다른 선물을 생각해 봐요.

ex A: 이번 주말에 등산 계획이 있는데 날씨가 춥지는 않겠지요?
B: 아마 추울걸요. 이번 주부터 본격적인 추위가 시작된다는 일기 예보를 들었거든요.

ex A: 흐엉 씨 생일 때 선물로 주려고 모자를 샀는데 흐엉 씨가 좋아할지 모르겠네요.
B: 흐엉 씨는 모자를 즐겨 쓰니까 모자를 선물하면 아마 좋아할걸요.

ex A: 장소이 씨는 매운 음식을 잘 먹을까요?
B: 아마 잘 먹을걸요. 지난번에 같이 떡볶이를 먹은 적이 있는데 잘 먹던데요.

ex A: 주말에 영화를 볼 때 유미 씨도 함께 가면 좋을 것 같은데 유미 씨에게도 물어볼까요?
B: 아마 유미 씨는 그 영화를 봤을걸요. 얼마 전에 그 영화표를 예매하는 걸 봤거든요.

ex A: 제이슨 씨에게 물어볼 것이 있는데 아직 회사에 있을까요?
B: 글쎄요. 아마 퇴근했을걸요. 아까 급하게 가방을 들고 나가는 것 같았어요.

ex A: 이번 방학 때 경주로 여행 가는 게 어때? 아직 난 경주에 가 본 적이 없거든.
B: 그런데 안나 씨가 경주에 가 봤을걸. 지난번에 안나 씨가 경주에서 찍은 사진을 본 것 같아.

ex A: 마이클 씨 집이 혹시 어디인지 아세요? 꼭 전해 줘야 할 게 있어서요.
B: 저도 자세히는 모르는데 아마 학교 근처일걸요. 학교에 걸어서 오는 걸 본 적이 있어요.

Focus Plus

- –(으)ㄹ걸 is attached to a verb to indicate one's regret over something he/she did not do. –(으)ㄹ걸 그랬어요 is also used to express the same meaning.

  ex A: 아까 왜 김치찌개를 안 먹었어? 진짜 맛있었는데.
  B: 그렇게 맛있었어? 김치찌개가 매워 보여서 안 먹었는데 나도 먹어 볼걸.

  ex A: 어제 동창회에 왜 안 나왔어? 수진이가 네 안부를 묻던데.
  B: 요새 회사 업무가 좀 많아서 못 갔어.
  수진이가 오는 걸 알았으면 나도 잠깐이라도 참석할걸 그랬어.

  ex A: 공연장에 정말 사람이 많네요. 무대에 서 있는 사람이 잘 보이지도 않아요.
  B: 그러게 말이에요. 저도 이렇게 사람이 많을 줄 몰랐네요. 그냥 집에서 쉬면서 텔레비전이나 볼 걸 그랬어요.

Answers

① A: 방학이 12월 초순이에요?
B: 글쎄요. 잘 모르겠지만 시험이 12월 10일에 끝나니까 방학은 아마 12월 중순쯤일걸요.

② A: 내년에는 등록금이 안 오르겠지요?
B: 글쎄요. 잘 모르겠지만 물가가 모두 올랐으니까 등록금도 아마 오를걸요.

③ A: 내년에는 경기가 좋아질까요?
B: 글쎄요. 잘 모르겠지만 세계 경기가 좋지 않으니까 아마 국내 경기도 좋아지기 힘들걸요.

④ A: 내년 겨울이 올해보다 따뜻할까요?
B: 글쎄요. 잘 모르겠지만 해마다 점점 추워지니까 아마 내년 겨울은 더 춥고 눈도 많이 올걸요.

⑤ A: 콘서트를 보러 가려고 하는데 아직 할까요?
B: 글쎄요. 잘 모르겠지만 한 달 전에 시작했으니까 아마 콘서트가 끝났을걸요.

 p.105

Grammar Focus

–(으)ㄹ 만하다 indicates that something is worthwhile and one justifies the action that has been taken. It is attached to a verb.

Basic form	–(으)ㄹ 만하다	Basic form	–(으)ㄹ 만하다
가다	갈 만하다	살다	살 만하다
쓰다	쓸 만하다	듣다	들을 만하다
입다	입을 만하다	돕다	도울 만하다
먹다	먹을 만하다	짓다	지을 만하다

ex A: 주말에 서울을 좀 구경하고 싶은데 갈 만한 곳이 있으면 좀 추천해 주세요.
B: 여의도 공원에 가 보는 건 어때요? 요즘 같은 봄에는 꽃이 많이 피어서 더욱 갈 만해요.

ex A: 인사동에서 식사를 하려고 하는데 어디가 괜찮아요?
B: '가야'라는 한식당이 새로 생겼는데 거기 삼계탕이 정말 먹을 만하던데요.

ex A: 유라 씨에게 이 이야기를 해도 괜찮을까요? 소문이 날까 봐 조심스럽네요.
B: 유라 씨는 믿을 만한 사람이니까 걱정하지 말고 편하게 이야기해 보세요.

ex A: 마이클 씨, 기분이 우울할 때 들을 만한 음악이 있으면 좀 알려 주세요.
B: 기분이 우울할 때는 신나는 노래를 들어야지요.
이 CD에는 들을 만한 노래가 많으니까 빌려 드릴게요.

ex A: 그 아파트는 좀 오래되지 않았나요? 왜 그 아파트를 구입했어요?
B: 지은 지는 10년이 좀 넘었지만 주변 환경이 좋고 교통도 편리해서 살 만하다고 생각했어요.

Answers

① A: 주말에 책을 읽으려고 하는데 읽을 만한 책이 있으면 추천해 주세요.
B: 피천득의 수필집 어때요? 문체가 간결해서 이해하기 쉽기 때문에 읽을 만해요.
A: 그래요? 그럼 한번 읽어 봐야겠어요.

② A: 주말에 서울을 구경하려고 하는데 구경할 만한 장소가 있으면 추천해 주세요.
B: 남산 한옥마을 어때요? 한국의 옛날 집을 볼 수 있어서 구경할 만해요.
A: 그래요? 그럼 한번 구경해 봐야겠어요.

③ A: 주말에 영화를 보려고 하는데 볼 만한 영화가 있으면 추천해 주세요.
B: 새로 개봉한 영화 '추억' 어때요? 재미있고 평이 좋아서 볼 만해요.
A: 그래요? 그럼 한번 봐야겠어요.

④ A: 주말에 노래방에 가려고 하는데 부를 만한 노래가 있으면 추천해 주세요.
B: 김민호의 신곡 어때요? 멜로디와 가사가 좋아서 부를 만해요.
A: 그래요? 그럼 한번 불러 봐야겠어요.

⑤ A: 주말에 쇼핑을 하려고 하는데 쇼핑할 만한 곳이 있으면 추천해 주세요.
B: 동대문 시장 어때요? 물건이 다양하고 가격도 저렴해서 쇼핑할 만해요.
A: 그래요? 그럼 한번 동대문 시장에서 쇼핑해 봐야겠어요.

p.106

Vocabulary & Expression

이름난 곳

이름난 곳 means ***a famous place***. It refers to a place that is so famous that it is known to many people. 이름나다 can also be used in the form of –(으)로 이름난 N.

ex A: 방학 때 경주를 여행하려고 하는데 추천할 만한 곳이 있나요?
B: 좋은 곳이 많지만 그중에서 특히 아름답기로 이름난 곳은 불국사예요. 가을 단풍 때는 더 예쁘니까 꼭 한번 가 보세요.

Script

Jason	Yuki, could you recommend somewhere I should go this weekend?
Yuki	There's a film festival under way in Busan these days. Why don't you go there?
Jason	Really? When does it end?
Yuki	I'm not sure. It'll run through this weekend. I went there last year. It was great because I got to see plenty of movies and saw some movie stars with my own eyes. It's worth going if you're a film fan. The best thing is going to Haeundae Beach.
Jason	I'll have to find out a bit more about it and plan to go this weekend.
Yuki	Yes, make sure you go. I've also been to festivals in other parts of the country. Festival time seems to be a good time to visit because there is a lot to see.
Jason	Really? Where else have you been?
Yuki	I went to see the sunrise at Jeongdongjin last year on New Year's Eve. And last summer I also went to the Boryeong Mud Festival, which was fun because there were a lot of different events.
Jason	There may be a lot to see at festival time, but doesn't it get really crowded?
Yuki	Yes, it is crowded. There were so many people at the sunrise event that I had a bit of a hard time. But it will remain as a good memory. Regional festivals are particularly good for foreigners like us because you can get an overview of all the famous sights and places in that region.

Answers

(1) ① The woman said that at the Busan Film Festival she could see plenty of movies, see movie stars with her own eyes and visit Haeundae Beach. So she recommended it for anyone who likes movies.

(2) ④ The woman said that there were so many people at the Jeongdongjin sunrise event that she had a bit of a hard time.

(3) ② When talking about regional festivals, the woman said there were a lot of good things about them but also mentioned that they were very crowded.

Vocabulary & Expression

즐겨 찾다

즐겨 찾다 means ***to visit often***. It indicates that one visits a place frequently because he/she likes something about it. 즐기다 means to do something frequently because one likes to do so and can be use in expressions such as 즐겨 듣다, 즐겨 찾다, and 즐겨 먹다.

ex 한강 공원은 시민들이 가장 즐겨 찾는 데이트 코스이기도 하다.
ex 나는 어렸을 때 할머니로부터 옛날이야기를 즐겨 들었다.

관심이 있다

관심이 있다 means ***to be interested (in something)***. It indicates that one is drawn to something and takes an interest in it. Similar expressions are 관심이 크다, 관심을 가지다, and 관심을 두다. When expressing interest in a person, N에게 관심이 있다 is used. It means one likes that person.

ex 제이슨 씨는 고등학교 때부터 한국 역사에 대해 관심이 있었다.
ex 수진 씨는 회사 동료 영민 씨에게 관심이 있었기 때문에 미팅 제안을 거절했다.

Dialogue

Changho Yuki, what are you doing in the holidays?
Yuki My mother is coming from Japan. So I'm going to go sightseeing around Seoul with her.
Changho Really? Where are you going to go?
Yuki I don't really know. I don't know many places. Can you recommend any place worth seeing?
Changho What sort of places is your mother interested in?
Yuki My mother's visiting Korea for the first time. She'll like any place with a traditional feel.
Changho If she likes traditional places you should take her to see Insa-dong.
Yuki Insa-dong? I've heard a lot about it but haven't been there yet. What kind of place is it?
Changho Insa-dong is Seoul's most famous street of traditional art and culture, and there is a lot to see there. The ancient palaces are also nearby, which makes it popular with foreign tourists.
Yuki Is that right? Do the palaces open on holidays?
Changho I'm not quite certain, but I think they will be open. I'll find out for you on the Internet.
Yuki Thank you, Changho. I'm already looking forward to it.

Vocabulary & Expression

위치하다

위치하다 means ***to be located.*** When talking about a location, expressions such as N은/는 N에 있다 or N은/는 N에 위치하고 있다 are used.

ex 속초는 동해안에 위치하고 있는 도시로 근처에 설악산이 있어 산과 바다를 함께 즐길 수 있는 곳이다.

마음껏

마음껏 means ***as much as one wants.*** It means to do something until one is satisfied. –껏 can be used with some nouns and means to the greatest extent of those nouns. Some examples are 양껏, 정성껏, and 힘껏.

ex A: 어제 학교 앞에 새로 생긴 식당에 갔지? 그 식당은 어땠어?
B: 한식 뷔페 식당인데 가격도 싸고 다양한 한식을 마음껏 먹을 수 있어서 좋았어.

볼거리

볼거리 means ***things to see.*** It refers to things that people can look at and enjoy themselves. 거리 is used in with some nouns and verbs with –(으)ㄹ attached and means material for those nouns or verbs. Some examples are 일거리, 이야깃거리, 먹을거리, and 즐길 거리.

ex A: 이번 축제는 인근 지역에 있는 대학들이 모두 참여하지요?
B: 네. 많은 학교가 함께 참여하니까 정말 볼거리가 많을 것 같아요.

ex A: 사람들이 경주 문화 박람회를 많이 찾는 이유가 무엇입니까?
B: 경주 문화 박람회는 다양한 볼거리와 체험 프로그램으로 구성되어 많은 사람들이 즐겨 찾는 것 같습니다.

Reading Guide

This passage is a magazine article about a tourist location. Read it to find out basic information on that location and what there is to see there. (☞ See 「이화 한국어 3–1」 p.110)

Answers

(1) ④ Incheon is a city about one hour way from Seoul to the west. Therefore, Seoul is located east of Incheon.

(2) ③ In Incheon, you can not only see the beautiful seaside. It is also famous as a place with many things to do, see, and eat. It is recommended for anyone who wants to make special memories of Korea.

Vocabulary Expansion

–적 is attached to some nouns and means to have the quality of the noun, to be reated to the noun, or to be in the same state as the noun. It is generally used in the form of N적이다, N적인, and N적으로.

역사적
historical

ex A: 한국에서 생활하면서 꼭 한번 가 보고 싶은 곳이 있어요?
B: 저는 한국 문화재에 관심이 많아요. 그래서 역사적으로 가치가 있는 문화재를 볼 수 있는 곳에 가 보고 싶어요.

전통적
traditional

ex A: 민수 씨, 경복궁 근처에 외국인 친구와 갈 만한 카페가 있을까요?
B: 인사동에 한번 가 보세요. 거기에는 전통적인 분위기로 꾸며진 카페가 아주 많거든요.

현대적
modern

ex A: 이 한옥은 실내에 욕실과 주방 시설이 다 있네요. 보통 한옥과 많이 다른 것 같아요.
B: 네, 맞아요. 밖에서 보면 전통 한옥의 느낌이 있지만 실내는 현대적인 시설로 꾸며서 생활하기 편리하게 만들었거든요.

전국적
national

ex A: 뉴스를 보니까 올 겨울에 독감에 걸려서 병원을 찾는 환자들이 아주 많네요.
B: 저도 그 소식 들었어요. 독감이 전국적으로 퍼지고 있으니까 꼭 예방에 신경을 써야 해요.

교육적
educational

ex A: 수진 씨의 아이들도 교육 방송 프로그램을 자주 보세요?
B: 네. 재미도 있고 무엇보다 교육적으로 도움이 되는 내용이 많아서 우리 아이들도 무척 좋아해요.

긍정적
positive

ex A: 이번에 새로 발표한 정부의 교육 정책에 대해서 국민들은 어떻게 생각하고 있습니까?
B: 대체로 긍정적인 반응을 보였습니다. 그렇지만 일부에서는 예산이 많이 들 것이라는 지적도 나오고 있습니다.

규칙적
regular

ex A: 요즘 들어서 부쩍 체중이 늘어서 고민이에요. 어떻게 하면 좋을까요?
B: 제이슨 씨는 계속 책상에만 앉아서 일하니까 그렇지요. 매일 잠깐이라도 규칙적으로 운동을 해 보는 건 어때요?

감정적
emotional

ex A: 흐엉 씨는 다른 사람 기분은 생각도 않고 말하는 것 같아서 너무 화가 나요.
B: 흐엉 씨에게 무슨 사정이 있을 거예요. 너무 감정적으로 생각하지 마세요.

Vocabulary Check

Part 1 준비합시다 01

- 장점 advantages, good points
- 단점 disadvantages, bad points
- 문화생활 cultural activities
- 즐기다 to enjoy
- 학비 tuition
- 공연 concert
- 관람료 admission fee
- 노선 line
- 주문하다 to order
- 정신없다 to be very busy

Part 1 준비합시다 02

- 공해가 심하다 the pollution is serious
- 수학 mathematics
- 과학 science
- 하늘 sky
- 땅 earth

Part 1 들어 봅시다

- 전통적 traditional
- 활기차다 to be lively
- 현대적 modern
- 매력적 attractive
- 에너지가 넘치다 to be overflowing with energy
- 공기가 탁하다 the air is thick
- 성격이 급하다 to be hasty

Part 1 말해 봅시다

- 지방 the provinces, the country, rural areas
- 입사 entering a company
- 문화시설 cultural facility
- 신중하다 to be prudent
- 꼼꼼히 scrupulously
- 취업 employment
- 물가 prices, cost of living
- 생활비 everyday costs
- 공해 air pollution
- 인심이 좋다 to be good-hearted
- 장단점 advantages and disadvantages, good and bad points,
- 의사소통 communication
- 서툴다 to be clumsy, to be awkward

Part 2 준비합시다 01

- 관람객 spectator
- 초순 beginning
- 중순 middle
- 물가가 오르다 to have prices go up
- 경기 economy

Part 2 준비합시다 02

- 수필집 collection of essays
- 문체 writing style
- 간결하다 to be simple
- 개봉하다 to release
- 평이 좋다 to receive critical acclaim
- 신곡 new song

Part 2 들어 봅시다

- 지역 region
- 특성 characteristic, trait
- 축제 festival
- 해돋이 (New Year's) sunrise
- 머드 mud
- 대게 crab

- 마음껏 as much as one want
- 해운대 Haeundae Beach
- 이름나다 to be famous
- 명물 famous thing, local specialty

Part 2 말해 봅시다

- 연휴 holiday
- 시내 관광 sightseeing around the city
- 전통문화 traditional culture
- 볼거리 things to see
- 고궁 ancient palace
- 즐겨 찾다 to visit frequently
- 전통 기념품 가게 traditional souvenir shop
- 전통 음식점 traditional restaurant
- 찻집 tea house
- 전통 공예품 traditional craft works
- 관광객 tourist

Part 3 읽어 봅시다

- 익숙하다 to be familiar
- 매력 charm, attractiveness
- 그냥 just, simply
- 지나치다 to overlook, to pass
- 서해안 west coast
- 해안 도시 coastal city
- 먹을거리 things to eat
- 여행객 tourist, traveler
- 촬영지 shooting location
- 해넘이 sunset
- 고대 ancient
- 인천 대교 Incheon Grand Bridge
- 신도시 new town
- 송도 Songdo
- 생선회 raw fish
- 매운탕 hot seafood stew
- 추억거리 material for memories
- 맛보다 to taste
- 차이나타운 Chinatown
- 골목 alley
- 색다르다 to be different, to be unique
- 호수 lake

Part 3 어휘를 늘려 봅시다

- 남부 southern part
- 중부 central part

Topic Vocabulary

The City

- 가게를 이전하다 to relocate a store
- 거주지를 찾다 to find a place of residence
- 광고물을 붙이다 to post an advertisement
- 근교에 거주하다 to live in the suburbs
- 네온사인이 빛나다 the neon sign is brightly shining
- 도시가 번화하다 the city is busy
- 도시가 삭막하다 the city is heartless
- 상점이 즐비하다 the stores are lined up

Grammar Focus

-ㄴ/는다고 하다 is used when one is conveying something that he/she has read or heard to another person. When conveying a present tense adjective, -다고 하다 is used and when conveying a present tense verb, -ㄴ/는다고 하다 is used. When conveying the past tense of either an adjective or a verb, -았/었다고 하다 is used. When conveying guessed content using an adjective or content about the future using a verb, -(으)ㄹ 거라고 하다 is used. For a noun (이)라고 하다 is used.

Basic form	-다고 하다	-았/었다고 하다	-(으)ㄹ 거라고 하다
예쁘다	예쁘다고 하다	예뻤다고 하다	예쁠 거라고 하다
맛있다	맛있다고 하다	맛있었다고 하다	맛있을 거라고 하다
어렵다	어렵다고 하다	어려웠다고 하다	어려울 거라고 하다

Basic form	-ㄴ/는다고 하다	-았/었다고 하다	-(으)ㄹ 거라고 하다
가다	간다고 하다	갔다고 하다	갈 거라고 하다
먹다	먹는다고 하다	먹었다고 하다	먹을 거라고 하다
살다	산다고 하다	살았다고 하다	살 거라고 하다

Basic form	(이)라고 하다	였/이었다고 하다	일 거라고 하다
기자이다	기자라고 하다	기자였다고 하다	기자일 거라고 하다
학생이다	학생이라고 하다	학생이었다고 하다	학생일 거라고 하다

ex A: 요즘 흐엉 씨는 어떻게 지내요?
B: 흐엉 씨는 이사 준비 때문에 지난주까지 많이 바빴는데 이제는 좀 한가하다고 하네요.

ex A: 서연 씨의 올해 계획이 뭐라고 했어요?
B: 올해에는 한국어를 배우고 싶다고 했고 그 후에 토픽 시험 3급을 따겠다고 했어요.

ex A: 민수 씨는 왜 안 와요? 점심 먹으러 같이 안 가요?
B: 네, 민수 씨는 안 간다고 했어요. 아까 속이 안 좋다고 했거든요.

ex A: 요즘 비가 정말 자주 오네요. 장마가 언제 끝날지 모르겠어요.
B: 일기 예보에서 내일부터는 날씨가 맑을 거라고 했어요.

ex A: 살을 좀 빼고 싶은데 어떻게 하는 게 좋을까요?
B: 의사 선생님께서 일주일에 3번 이상 꾸준히 운동하면 살이 빠진다고 하셨어요.

ex A: 민호 씨, 마이클 씨 생일 파티에 가지요?
B: 그럼요. 마리 씨도 같이 간다고 했어요. 제가 마이클 씨에게 우리 모두 갈 거라고 할게요.

ex A: 저기 혼자 앉아 있는 저 남자는 누구예요?
B: 수진 씨가 그러는데 나타샤 씨 남자 친구라고 하던데요.

Focus Plus

- When the content of a sentence containing the first person 나, 저, 내, 제 as the subject is conveyed to another person, the subject 나, 저, 내, 제 is changed to 자기 and used with –ㄴ/는다고 하다 to create indirect speech.

ex
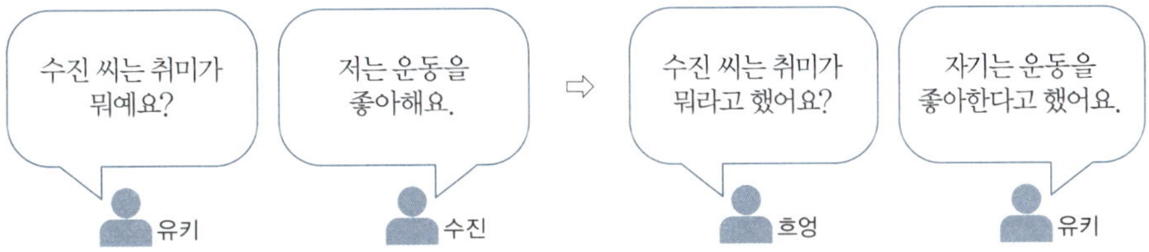

ex
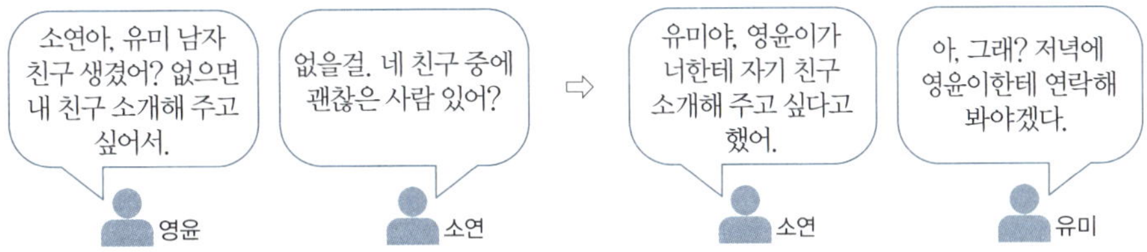

ex 마이클: 아키라 씨는 일본 사람이니까 일본어를 잘하겠어요.
선생님: 아니에요. 아키라 씨가 자기 부모님은 일본 사람이지만 자기는 프랑스에서 태어나서 일본어를 잘 못한다고 했어요.

- –ㄴ/는다고 is attached to verbs such as 하다 or 듣다. When it is attached to a noun, it is used in the form of –ㄴ/는다는.

ex A: 아키라 씨가 내년에 세계 일주 여행을 떠난다는 얘기 들었어요?
B: 정말요? 저도 내년에 여행을 계획 중인데 내일 아키라 씨를 만나면 자세히 물어봐야겠어요.

ex 최근의 한 설문조사에 따르면 한국 사람들이 가장 좋아하는 음식은 삼겹살과 김치찌개, 된장찌개라고 합니다. 또한 김밥, 떡볶이, 순대 등의 길거리 음식을 즐겨 먹는다는 의견도 있었습니다.

Answers

① A: 오늘 뉴스에서 들었는데 이번 주말에 외국인을 위한 김치 축제가 열린다고 해요.
B: 아, 그렇군요.

② A: 오늘 뉴스에서 들었는데 휴대 전화로 문자 메시지 보내기 대회에서 여자 고등학생이 우승을 했다고 해요.
B: 아, 그렇군요.

③ A: 오늘 뉴스에서 들었는데 올해 한국에서 가장 인기를 끌었던 드라마는 <비밀의 정원>이었다고 해요.
B: 아, 그렇군요.

④ A: 오늘 뉴스에서 들었는데 박지선 선수는 내년부터 다시 한국 팀에서 활동할 예정이라고 해요.
B: 아, 그렇군요.

⑤ A: 오늘 뉴스에서 들었는데 어젯밤에 내린 폭설로 시내 곳곳의 교통이 마비되었다고 해요.
B: 아, 그렇군요.

 p.119

Grammar Focus

–냐고 하다 is used when one conveys to another person a question that he/she asked a third person, or a question that he/she heard from a third person. When the content of the question features present tense adjectives or verbs –냐고 하다 is used. For the past tense, –았/었냐고 하다 is used and for the future tense –(으)ㄹ 거냐고 하다. –냐고 하다 can be used interchangeably with –냐고 묻다, –냐고 물어보다, and –냐고 질문하다.

Basic form	–냐고 하다	–았/었냐고 하다	–(으)ㄹ 거냐고 하다
예쁘다	예쁘냐고 하다	예뻤냐고 하다	–
좋다	좋냐고 하다	좋았냐고 하다	–
쉽다	쉽냐고 하다	쉬웠냐고 하다	–
어떻다	어떠냐고 하다	어땠냐고 하다	–
먹다	먹냐고 하다	먹었냐고 하다	먹을 거냐고 하다
만들다	만드냐고 하다	만들었냐고 하다	만들 거냐고 하다
Basic form	(이)냐고 하다	였/이었냐고 하다	–
얼마이다	얼마냐고 하다	얼마였냐고 하다	–
학생이다	학생이냐고 하다	학생이었냐고 하다	–

ex A: 유키 씨, 혹시 흐엉 씨 못 봤어요?
B: 조금 전에 봤어요. 흐엉 씨에게 어디 가냐고 하니까 식당에 간다고 했어요.

ex A: 마리 씨, 오늘 수업 시간에 선생님께서 특별히 하신 말씀은 없어요?
B: 네. 특별한 건 없었고 혹시 내일 문화 수업에 같이 못 가는 사람이 있냐고 하셨어요.

ex A: 아까 과장님께서 뭐라고 하셨어요?
B: 거래처에 오늘까지 보내기로 한 서류가 있는데 다 완성됐냐고 물어보셨어요.

ex A: 여보, 아까 어머니께 전화가 왔었지요? 뭐라고 하셨어요?
B: 어제 가져다 드린 음식들이 아주 맛있었다고 칭찬해 주셨어요. 그리고 음식 준비가 힘들지 않았냐고 하시면서 다음부터는 힘드니까 신경 쓰지 않아도 된다고 하셨어요.

ex A: 영민 씨, 방금 저 사람이 영민 씨한테 프랑스어로 뭐라고 한 거예요?
B: 근처에 버스 정류장이 있냐고 물어봤어요. 그리고 버스 요금이 얼마냐고 물어본 거예요.

Answers

① A: 한국 여자들은 소개팅에서 상대방 남자에게 보통 어떤 질문을 해요?
B: 보통 어떤 여자를 좋아하냐고 물어봐요. 그리고 취미가 뭐냐고 물어보기도 해요.

② A: 한국 사람들은 아직 결혼하지 않은 사람들에게 어떤 질문을 해요?
B: 보통 사귀는 사람이 있냐고 물어봐요. 그리고 언제 결혼할 거냐고 물어보기도 해요.

③ A: 한국 부모님들은 딸과 결혼할 남자에게 보통 어떤 질문을 해요?
B: 보통 자기 딸이 왜 좋냐고 물어보세요. 그리고 자기 딸 고생 안 시키고 잘살 자신 있냐고 물어보기도 하세요.

Vocabulary & Expression

무조건

무조건 means ***absolutely***, ***unconditionally***. It is an adverb that means without weighing the pros and cons or judging conditions. When used as a noun, it means "no condition." It is generally used in the form of 무조건적으로 or 무조건적이다.

ex A: 제가 지금 말한 건 비밀이에요. 약속 지켜 주실 수 있어요?
B: 물론이죠. 수진 씨와 한 약속은 무조건 지킵니다.

ex 대부분의 부모님들은 자식들을 아무런 조건 없이 무조건적으로 사랑하신다.

Script

(1) Announcer People who send a lot of text messages on their cell phones are said to be more likely to feel severe neck and shoulder pain. When sending text messages, most people don't move their shoulders and backs at all. Only their fingers move very quickly. For this reason, they feel the same pain as someone who sits in front of the computer for a long time.

(2) Announcer What's the best way to learn a foreign language quickly? One expert says the best way is to listen to that language as much as possible to get used to the sound, even if you don't understand what you're hearing. Saying that listening to foreign news and music, or watching foreign movies is useful, the expert emphasized that to speak a foreign language well it is absolutely necessary to do a lot of listening.

(3) Announcer Research on lies told by men and women has produced some interesting results. An Internet site announced that men tell around six lies a day and women three. The most common lies told by both men and women were found to be "Nothing's wrong" and "I'm fine." The next most common lies were found to be "I didn't drink much" for men and "I didn't go shopping" for women.

Answers

(1) ② People who send a lot of text messages on their cell phones are said to be more likely to suffer severe neck and shoulder pain.

(2) ② Because it is important to get used to the sound of a foreign language to learn that language quickly, it is said that doing a lot of listening is absolutely necessary. Therefore, Mari, who practices by speaking aloud rather than doing a lot of listening, is not following the advice of the expert.

(3) ① According to research results on an Internet site, men are said to tell six lies a day and women three.

 p.121

Vocabulary & Expression

빈손으로 가다

빈손으로 가다 means ***to go empty-handed***. It indicates that one does not take a gift when visiting someone or attending some event.

ex A: 시간도 없는데 오늘은 영민 씨 집에 그냥 가고 다음에 선물을 사 갈까요?
B: 그래도 생일 파티인데 빈손으로 갈 수는 없잖아요. 집 앞에서 케이크를 사 가면 어때요?

ex A: 이번 추석 때 한국 친구 집에 초대를 받았어요. 혹시 제가 뭘 준비해 가야 하나요?
B: 과일이라도 사 가세요. 초대 받았을 때 빈손으로 가면 실례지요.

부담스럽다

부담스럽다 means ***to be uncomfortable***, or ***to be a burden***. It indicates that dealing with a certain matter or object is felt to be difficult or too much to handle.

ex A: 주말에 제 친구가 집들이를 한다고 해요. 선물로 텔레비전을 사 주려고 하는데 어때요?
B: 텔레비전요? 너무 비싼 선물은 받는 사람도 부담스러울 수 있으니까 좀 저렴한 걸로 한번 생각해 보세요.

ex A: 유키 씨, 이 원피스 어때요? 유키 씨에게 잘 어울릴 것 같아요.
B: 그래요? 사실 저는 부담스러워서 화려한 무늬의 옷이나 밝은 색 옷은 잘 안 입거든요.

Dialogue

Yuki	Huong, Minjeong called yesterday.
Huong	Minjeong? What for?
Yuki	She said it was her daughter's first birthday next week and that she would like to invite us to the party. She asked if you would be able to make it. You'll go to the party with me, won't you?
Huong	Of course I'll go. I'm Minjeong's friend, too. But when did she say the party was?
Yuki	Next Saturday afternoon at five o'clock.
Huong	Where is it held?
Yuki	There's a new Korean buffet restaurant in front of Ewha Station. She said that's where it would be held.
Huong	Oh, I haven't been there yet. It should be easy to find since it's near the station. But what's a good first birthday present? We can't go empty-handed.
Yuki	Yes. I heard from a Korean friend that most people give the baby a gold ring as a gift.
Huong	A gold ring? That's a bit hard for one person to buy alone. Why don't we buy one together?
Yuki	Alright. That's a good idea.
Huong	Then let's make time this weekend to go and buy the ring.

Grammar Focus

-자고 하다 is used when one has made a recommendation or suggestion to another person, or when one conveys to another person a recommendation or suggestion heard from a third person. -(으)라고 하다 is used when one has ordered another person to do something or when one conveys to another person an order heard from a third person. Both -자고 하다 and -(으)라고 하다 are attached only to a noun.

Basic form	-자고 하다	-(으)라고 하다
마시다	마시자고 하다	마시라고 하다
식사하다	식사하자고 하다	식사하라고 하다
먹다	먹자고 하다	먹으라고 하다
듣다	듣자고 하다	들으라고 하다
살다	살자고 하다	살라고 하다

ex A: 수진 씨, 어제 거래처에서 연락이 왔나요?
B: 네. 내일 1시에 회의하자고 했어요.

ex A: 민호야, 아까 유키가 집에 언제 가냐고 했어. 1시간쯤 후에 같이 가자고 하던데?
B: 알겠어. 이따가 학교 정문 앞에서 만나자고 전해 줘.

ex A: 오늘 점심 때 뭐 먹을까요?
B: 아까 과장님께서 오늘 날씨가 너무 더우니까 점심에 다 같이 냉면 먹자고 하셨어요.

ex A: 여보, 휴가철에는 차가 많이 막히니까 내일 아침 일찍 출발합시다.
B: 그래요. 아이들한테도 일찍 일어나라고 말할게요.

ex A: 흐엉 씨는 한국어 발음이 정말 자연스럽던데 비결이 뭘까요?
B: 흐엉 씨가 책을 큰 소리로 여러 번 읽는 게 발음에 도움이 된다고 하면서
저한테도 책을 많이 읽으라고 조언해 준 적이 있어요.

ex A: 유키 씨, 이번 시험이 많이 어려울 거라면서요?
B: 네. 선생님께 들었는데 이번 듣기 시험은 어려우니까 끝까지 잘 듣고 문제를 풀라고 하셨어요.

Focus Plus

- The negative propositive expression -지 맙시다 is changed to -지 말자고 하다 when the words are conveyed to another person.

ex A: 줄리앙 씨, 왜 이렇게 표정이 안 좋아요? 무슨 일 있어요?
B: 사실 며칠 전에 여자 친구와 다퉈서 사이가 별로 안 좋거든요.
방금 여자 친구한테 연락이 왔는데 여자 친구가 당분간 연락하지 말자고 했어요.

● The negative imperative expression –지 마세요 is changed to –지 말라고 하다 when the words are conveyed to another person.

ex A: 아까 선생님이 뭐라고 하신 거야? 선생님 말씀을 잘 못 들었거든.
B: 선생님께서 앞으로는 수업에 절대 늦지 말라고 하셨어. 그리고 숙제도 밀리지 말라고 하셨어.

● When the verb 주다 is changed to indirect speech, the form varies according to the recipient. If the recipient is the speaker, the content is conveyed using 달라고 하다. When the recipient is a third person, the content is conveyed using 주라고 하다.

ex
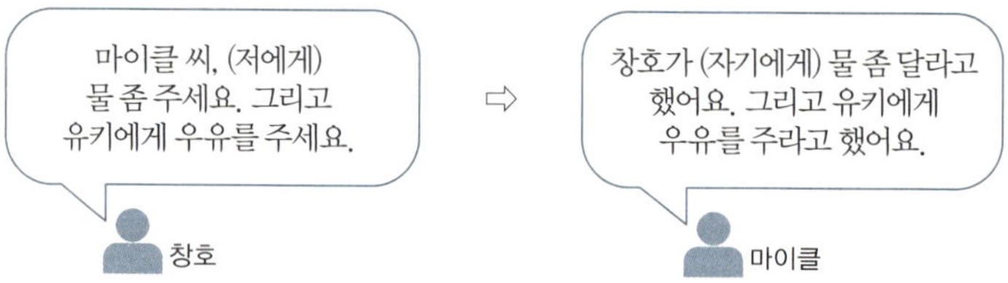

● When –아/어 주다 is changed to indirect speech, the form also varies according to the recipient. When the recipient is the speaker, the content is conveyed using –아/어 달라고 하다. When the recipient is a third person, the content is conveyed using –아/어 주라고 하다.

ex
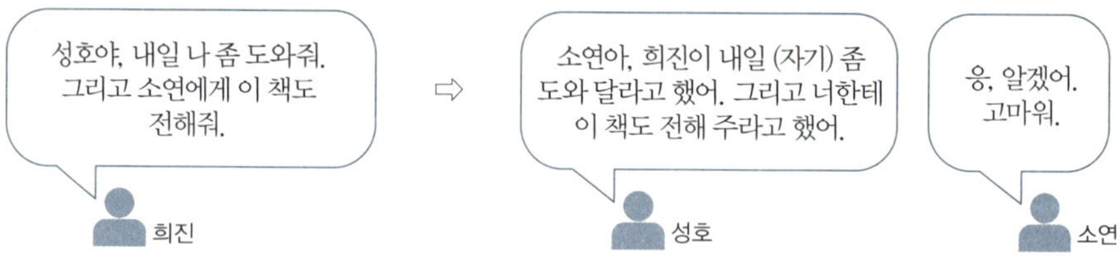

Answers

① A: 영민 씨, 과장님께서 내일 출장에 대해 지시한 것이 있습니까?
B: 네. 과장님께서 12시에 3층 은행 앞에서 만나자고 하셨어요.

② A: 영민 씨, 과장님께서 내일 출장에 대해 지시한 것이 있습니까?
B: 네. 과장님께서 환전은 공항에서 같이 하자고 하셨어요.

③ A: 영민 씨, 과장님께서 내일 출장에 대해 지시한 것이 있습니까?
B: 네. 과장님께서 회사 홍보물을 꼭 챙겨 오라고 하셨어요.

④ A: 영민 씨, 과장님께서 내일 출장에 대해 지시한 것이 있습니까?
B: 네. 과장님께서 숙소 예약을 다시 한번 확인해 달라고 하셨어요.

⑤ A: 영민 씨, 과장님께서 내일 출장에 대해 지시한 것이 있습니까?
B: 네. 과장님께서 약속 시간에 늦지 말라고 하셨어요.

文法

-ㄴ/는다면서요 is used when one asks another person for confirmation of something he/she has heard from a third person or other means. Therefore, it is not used when one is talking about something he/she has seen or knows well through experience. To confirm the past content, -았/었다면서요 is used with an adjective or a verb. To confirm the future content, -(으)ㄹ 거라면서요 is used with a verb. However, when -(으)ㄹ 거라면서요 is used with an adjective, it is not referring to the future content but the confirmation of a supposition or a guess made by another person.

Basic form	-다면서요	-았/었다면서요	-(으)ㄹ 거라면서요
크다	크다면서요	컸다면서요	클 거라면서요
춥다	춥다면서요	추웠다면서요	추울 거라면서요
Basic form	-ㄴ/는다면서요	-았/었다면서요	-(으)ㄹ 거라면서요
가다	간다면서요	갔다면서요	갈 거라면서요
듣다	듣는다면서요	들었다면서요	들을 거라면서요
살다	산다면서요	살았다면서요	살 거라면서요
Basic form	(이)라면서요	였/이었다면서요	일 거라면서요
친구이다	친구라면서요	친구였다면서요	친구일 거라면서요
학생이다	학생이라면서요	학생이었다면서요	학생일 거라면서요

ex A: 요즘 한국어를 배우는 외국인들이 많다면서요?
B: 네, 저도 그 소식 들었어요. 한국에서뿐만 아니라 외국에서도 한국어를 배우는 외국인들이 점점 많아지고 있다고 해요.

ex A: 희진 씨, 출장 잘 다녀왔어요? 영민 씨가 그러는데 그곳 날씨가 그렇게 더웠다면서요?
B: 말도 마세요. 날씨가 너무 덥고 습해서 고생을 많이 했어요.

ex A: 마이클 씨, 이번 주말에 고향에 다녀올 거라면서요?
B: 네. 친한 친구가 결혼을 해서 주말에 잠깐 갔다 오려고요.

Answers

① A: 제이슨 씨가 다음 달에 회사를 그만둔다면서요?
B: 네. 자신의 사업을 해 볼 생각이라고 하던데요.

② A: 아키라가 이번 학기를 마치면 일본으로 돌아갈 거라면서요?
B: 아니에요. 일본에 돌아가지 않고 한국에 남아서 계속 공부하기로 했다고 하던데요.

③ A: 유키가 새로 이사한 원룸을 같이 쓸 친구를 찾는다면서요?
B: 네. 월세가 올라서 혼자 살기 부담스럽다고 하던데요.

④ A: 수진 씨가 운동하다가 넘어져서 생긴 상처가 덧나서 고생했다면서요?
B: 네. 일주일 넘게 병원에 다녀야 했다고 하던데요.

⑤ A: 마리가 요즘 졸업 시험 준비 때문에 많이 힘들다면서요?
B: 네. 시험 스트레스로 불면증에 시달린다고 하던데요.

Vocabulary & Expression

겨우

겨우 means ***just*** or ***barely***. It is an adverb that means "at best" or "at most."

ex A: 엄마, 저 지금 사귀는 여자 친구와 결혼하고 싶어요.
B: 넌 이제 겨우 고등학생인데 어떻게 지금 결혼을 하니?

ex A: 학교 앞에 새로 생긴 식당에 가 봤어요? 가격이 조금 비싸긴 하지만 음식이 정말 맛있다고 해요. 그리고 학생증을 보여 주면 음식값도 할인 받을 수 있고요.
B: 네, 저도 들었는데 겨우 500원 할인해 준다고 하던데요.

Script

Julia	Minsu, did you watch the news last night?
Kim Minsu	No, I didn't. Was there anything special?
Julia	It said there was an "anonymous angel" who had been doing good deeds in a neighborhood in Busan.
Kim Minsu	"Anonymous angel"? What's that?
Julia	There's a person who is said to donate rice, asking that it be given to the poor without revealing his/her identity. That person is called the "anonymous angel."
Kim Minsu	Wow. There are still people who do such good deeds despite the tough times.
Julia	Yes. The news said that person had never revealed his/her identity while helping the less fortunate in the neighborhood for seven years.
Kim Minsu	What a great person! It's not easy to do that...
Julia	You're right. But I hear that you go and do volunteer work at an orphanage. That's really good.
Kim Minsu	No. I only go there three or four times a year.
Julia	I'm interested in volunteer work as well, but I can't make time.

Answers

(1) ③ The woman and the man are talking about a person they heard of on the news who has been helping other people without revealing his/her identity. This kind of news is society related news.

(2) ④ The man does volunteer work for children at an orphanage.

(3) ④ 얼굴 없는 refers to someone who does not reveal who he/she is while 천사 refers to a person who does good deeds. Therefore, an "얼굴 없는 천사" is someone who does good deeds without revealing his/her identity.

Vocabulary & Expression

일석이조

일석이조 means ***killing two birds with one stone***. This is a four-character Chinese idiom that means throwing one stone and catching two birds at once. It is used when you take one action and gain two beneficial things.

ex A: 교통 카드를 사용하면 어떤 점이 좋아요?
B: 교통 카드를 사용하면 교통비를 할인 받을 수 있을 뿐만 아니라 무료로 환승까지 할 수 있어서 일석이조예요.

여럿이

여럿이 means ***many people together***. It can be used in the form 여럿이서. 둘이(서) means two persons together, 셋이(서) means three persons together, and 혼자(서) means alone.

ex A: 이번 크리스마스에 친구들과 파티를 할 건데 뭘 하면 좋을까요?
B: 사람이 많으니까 게임을 하는 게 어때요? 여럿이 게임을 하면 더 재미있을 거예요.

Dialogue

Park Yeongmin	Jason, did you see the notice on the homepage today about doing cultural heritage related volunteer work?
Jason	No, I didn't see it. What kind of volunteer work is that?
Park Yeongmin	It's basically cleaning up around the ancient palaces in Seoul. But they say you can attend a free lecture on cultural heritage after doing the work.
Jason	Oh, really? That's interesting. I didn't know that kind of volunteer work was available.
Park Yeongmin	I hear that you've always been interested in volunteer work. Do you want to apply for this with me?
Jason	Should we try it? I was going to start volunteer work as well.
Park Yeongmin	Good. This kind of volunteer work is like killing two birds with one stone—we do something good and can learn about Korea's cultural heritage at the same time.
Jason	You're right. But how do we apply?
Park Yeongmin	It says to apply via email. Do you want to apply with me?
Jason	Yes, that sounds good. Let's apply right now. Oh, Mr. Kim, our assistant manager, mentioned before that he wanted to do volunteer work if he had a chance. Should we tell Mr. Kim as well?
Park Yeongmin	Great. It will be more fun if a lot of people do it together.
Jason	I'll talk to Mr. Kim right away.

Vocabulary & Expression

추위를 타다

추위를 타다 means ***to feel the cold***. It indicates that one is particularly sensitive to the cold. 타다 means to be susceptible to the influence of the weather in the different seasons. Related expressions are 더위를 타다, 봄을 타다, and 가을을 타다.

ex A: 오늘은 날씨가 별로 안 추운데 옷을 이렇게 두껍게 입고 왔어요?
B: 네. 제가 다른 사람들에 비해서 추위를 많이 타거든요.

ex A: 리핑 씨, 안 더워? 문 좀 여는 게 어때?
B: 나는 더위를 별로 안 타서 괜찮은데 네가 더우면 조금만 열자.

아무래도

아무래도 means ***anyhow***, or ***by any means***. It is an adverb meaning "no matter how one looks at it" or "no matter how one thinks about it."

ex A: 콘서트가 이제 얼마 안 남았는데 갈지 말지 결정했어요?
B: 요즘 회사 일이 너무 많아서 아무래도 콘서트를 못 갈 것 같아요. 다음에는 꼭 같이 가요.

번거롭다

번거롭다 means ***to be complicated*** or ***bothersome***. It indicates that a certain task is complicated and bothersome because there are too many steps or procedures.

ex A: 인터넷으로 산 옷을 환불하려고요? 환불하려면 절차가 번거롭지 않아요?
B: 네, 번거로워요. 그렇지만 사이즈가 안 맞으니까 어쩔 수 없잖아요.

ex A: 조심히 가요. 버스에서 먹을 수 있게 김밥 좀 쌌어요.
B: 정말 감사합니다. 번거롭게 뭐 이런 걸 다 준비하셨어요. 도착해서 연락드릴게요.

Reading Guide

This passage is a letter requesting necessary information. Read it to find out what content needs to be included in a letter and how the content should be ordered.
(☞ See「이화 한국어 3-1」p.130)

Answers

(1) ④ Lee Sora's younger sister is said to be going abroad to study, by coincidence at the same university where Kim Minho works as a research fellow.

(2) ④ 무소식이 희소식 means "no news is good news." That is, no news means that everything is alright.

p.133

Vocabulary Expansion

덧- is attached to some verbs and nouns and means to add something to what already exists.

덧붙이다
to add

ex A: 이 게시물을 붙여야 하는데 게시판에 빈 공간이 전혀 없어요. 어떻게 하지요?
B: 여기 이 포스터는 게시 기간이 지났네요. 이것 위에 덧붙이세요.

ex A: 긴 강연 잘 들어 주셔서 감사합니다.
B: 교수님, 오늘 좋은 말씀 해 주셔서 감사합니다. 마지막으로 간단하게 덧붙일 말씀 있으신지요?

ex A: 건강을 지키기 위해서는 무엇보다 스트레스를 받지 않는 것이 중요하군요.
B: 네, 맞습니다. 마지막으로 한마디만 덧붙이면 건강은 건강할 때 지켜야 합니다. 한번 잃으면 되찾기 어렵습니다.

덧칠하다
to paint over

ex A: 어떡하지? 파란색을 칠해야 하는데 헷갈려서 하늘색을 칠해 버렸어.
B: 하늘색보다 파란색이 더 진하니까 파란색으로 그 위에 덧칠해 봐.

덧입다
to wear over

ex A: 내일 저녁에 바닷가에 가려고 하는데 어떤 옷을 가져가는 게 좋을까요?
B: 얇은 티셔츠나 카디건 같이 덧입을 수 있는 옷을 챙기세요.

(상처가) 덧나다
(wound) to grow worse

ex A: 창호야, 그렇게 상처를 자꾸 만지면 덧나니까 그만 만져.
B: 네, 알겠어요. 그런데 간지러워서 자꾸 긁게 돼요.

덧니
snag tooth

ex A: 치아 교정을 할 거라면서? 왜? 덧니 때문에?
B: 응. 치아가 가지런해야 웃을 때도 예쁘잖아. 삐뚤빼뚤한 내 덧니가 마음에 안 들어.

덧버선, 덧신
oversocks, overshoes

ex A: 저는 추위를 잘 타요. 그래서 특히 손발이 많이 차요.
B: 그래요? 겨울에 집에서도 너무 추우면 양말 위에 덧버선이나 덧신을 따로 신어 보세요. 한결 따뜻할 거예요.

덧문
extra door

ex A: 부엌으로 바람이 너무 많이 들어와서 겨울에 조금 춥겠는데요.
B: 저도 그게 걱정이에요. 부엌과 거실 사이에 덧문을 달아 볼까요?

Vocabulary Check

Part 1 준비합시다 01

- 속이 안 좋다 — to feel sick in the stomach
- 축제가 열리다 — to have a festival start
- 우승을 하다 — to win first place
- 인기를 끌다 — to gain popularity
- 비밀 — secret
- 정원 — garden
- 선수 — athlete, player
- 폭설 — heavy snow
- 곳곳 — here and there
- 마비되다 — to become numb, to be paralyzed

Part 1 준비합시다 02

- 소개팅 — introductory date with a man/woman
- 고생시키다 — to make someone suffer

Part 1 들어 봅시다

- 자세 — stance, attitude
- 비결 — secret, tip
- 위협 — threat
- 유머 — humor
- 1위 — first place
- 어깨 — shoulder
- 통증 — pain

Part 1 말해 봅시다

- 문자 메시지 — text message
- 전달하다 — to convey
- 빠지다 — to be absent, to be left out
- 빈손 — empty hands
- 개업식 — (business) opening ceremony
- 화분 — flowerpot
- 금반지 — gold ring
- 부담스럽다 — to be burdensome
- 시간을 내다 — to make time
- 송년 파티 — year-end party

Part 2 준비합시다 01

- 전기 — electricity
- 지시하다 — to give orders or instructions
- 들르다 — to drop by, to come by
- 홍보물 — publicity materials
- 챙기다 — to take care of

Part 2 준비합시다 02

- 신상품 — new product
- 남다 — to remain, to stay
- 넘어지다 — to fall over
- 덧나다 — to grow worse
- 넘다 — to surpass, to go over

Part 2 들어 봅시다

- 기부 — donation
- 연말 — year end
- 고아원 — orphanage
- 봉사 활동 — volunteer work
- 신분을 밝히다 — to reveal one's identity
- 천사 — angel
- 이웃을 돕다 — to help one's neighbors
- 가리다 — to hide

Part 2 말해 봅시다

- 공고 — public notice
- 일석이조 — to kill two birds with one stone
- 여러모로 — in many ways
- 공고가 나다 — to have a public notice put up
- 잘되다 — to have things work out well

- 환경 보호　environmental protection

Part 3 읽어 봅시다

- 연구원　research fellow
- 안부　regards
- 살림　living, housework
- 우연히　by chance, coincidentally
- 대충　roughly
- 자세히　carefully
- 워낙　by nature, very
- 유난히　unusually
- 추위를 타다　to feel the cold
- 주고받다　to give and take
- 번거롭다　to be complicated, to be bothersome
- 무소식이 희소식　no news is good news
- 마무리하다　to finish off
- 한가하다　to be at leisure

Part 3 어휘를 늘려 봅시다

- 꽉 차다　to be completely full
- 살짝　slightly
- 박사　Ph.D. holder, Dr.
- 심해지다　to get worse, to become severe

Topic Vocabulary

News and Information

- 공지하다　to make a public notice
- 근황을 묻다　to ask of recent news
- 소식을 주고받다　to exchange news
- 안내하다　to guide
- 안부를 묻다　to ask how someone is doing
- 안부를 전하다　to pass on one's regards
- 알리다　to inform
- 알림　notification
- 유익한 정보이다　to be useful information
- 소식을 전하다　to pass on news
- 정보를 얻다　to gain information
- 정보를 전달하다　to pass on information
- 정보를 제공하다　to provide information
- 정보를 주다　to give information

 p.138

Grammar Focus

-는 바람에 is used when the content of the preceding clause is the origin or cause of the content of situation in the following clause. It indicates that the unforeseen situation in the preceding clause has led to the situation in the following clause. The following clause generally contains a negative result. It is attached to a verb.

Basic form	-는 바람에	Basic form	-는 바람에
가다	가는 바람에	먹다	먹는 바람에
말하다	말하는 바람에	닫다	닫는 바람에
다치다	다치는 바람에	열다	여는 바람에
미루다	미루는 바람에	짓다	짓는 바람에

ex A: 하오밍 씨, 왜 빵을 먹고 있어요? 오늘은 아침에 밥 안 먹었어요?
B: 늦게 일어나는 바람에 아침을 못 먹고 왔어요.

ex A: 왜 이렇게 늦었어요? 1시간이나 기다렸잖아요.
B: 미안해요. 제가 탄 지하철이 고장 나는 바람에 늦었어요.

ex A: 왜 이렇게 안색이 안 좋아요? 괜찮아요?
B: 아까 밥을 급하게 먹는 바람에 체한 것 같아요.

ex A: 유키 씨, 제가 비밀이라고 한 걸 다른 사람에게 말하면 어떡해요.
B: 죄송해요. 선배가 묻는 바람에 말을 안 할 수가 없었어요.

ex A: 교통사고를 당했다면서요? 어쩌다가 그런 거예요?
B: 제가 자전거를 타고 가고 있었는데 옆에 있던 차가 갑자기 문을 여는 바람에 부딪혔어요.

Focus Plus

● -는 바람에 cannot be attached to an adjective or V-고 싶다, N이다, 있다, and 없다.

ex A: 수민 씨가 마음에 든다면서 왜 좋아한다고 고백을 안 해요?
B: 제 친구가 좋아하는 여자라서 제가 고백할 수 없어요. (○)
제 친구가 좋아하는 여자인 바람에 제가 고백할 수 없어요. (×)

ex A: 버스를 타지 않고 집까지 걸어 왔어요?
B: 네. 교통 카드가 없어서 걸어 왔어요. (○)
네. 교통 카드가 없는 바람에 걸어 왔어요. (×)

ex A: 오늘 수영하러 가는 날이잖아요. 왜 운동하러 안 갔어요?
B: 네. 오늘은 쉬고 싶어서 그냥 왔어요. (○)
네. 오늘은 쉬고 싶은 바람에 그냥 왔어요. (×)

- As -는 바람에 indicates that something that already happened in the past is the cause of the situation in the following clause, the content of the following clause is always in the past tense. Therefore, it cannot be used with -겠-. Although the situation in the preceding clause is in the past, it is neither used with -았/었- nor used in the form of -(으)ㄴ 바람에.

  ex A: 왜 이렇게 늦게 왔어요?
  B: 버스를 놓치는 바람에 지각했어요. (○)
  버스를 놓쳤는 바람에 지각했어요. (×)

  ex A: 어제 왜 소풍 안 갔어요?
  B: 하루 종일 비가 오는 바람에 소풍이 취소됐어요. (○)
  하루 종일 비가 온 바람에 소풍이 취소됐어요. (×)

- -는 바람에 can be used for indirect speech with -(으)라고 하다 or -자고 하다. -(으)라고 하는 바람에, which combines -(으)라고 하다 and -는 바람에, can be shortened to -(으)라는 바람에. It is generally used when making excuses for the present situation caused by an order or request of another person. -자고 하는 바람에, which combines -자고 하다 and -는 바람에, can be shortened to -자는 바람에. It is used to explain or make excuses for the current situation caused by another person's recommendation or suggestion.

  ex A: 여보, 오늘은 집에 일찍 올 수 있지요?
  B: 미안해요. 부장님이 갑자기 오늘까지 보고서를 끝내라는 바람에 야근해야 할 것 같아요.

  ex A: 아키라 씨, 오늘 많이 피곤해 보이네요.
  B: 아이들이 놀이동산에 가자는 바람에 다녀왔는데 그래서 그런지 너무 피곤하네요.

Answers

① A: 왜 옷이 흠뻑 젖었어요?
B: 갑자기 소나기가 쏟아지는 바람에 옷이 흠뻑 젖었어요.

② A: 왜 저장한 자료를 다 잃어버렸어요?
B: 노트북이 바이러스에 걸리는 바람에 자료를 다 잃어버렸어요.

③ A: 왜 늦는다고 연락을 안 했어요?
B: 휴대 전화를 집에 놓고 오는 바람에 연락을 못 했어요.

④ A: 왜 예매한 영화를 보러 안 갔어요?
B: 영화를 같이 보기로 한 친구가 약속을 취소하는 바람에 영화를 보러 안 갔어요.

⑤ A: 왜 여자 친구와 싸웠어요?
B: 제가 여자 친구 생일을 잊어버리는 바람에 여자 친구와 싸웠어요.

Grammar

(이)라도 means making a choice that is not the best one among several options. It is used when making the second-best choice. It is not attached to an adjective or a verb but mainly to a noun.

Noun	(이)라도	Noun	(이)라도
커피	커피라도	빵	빵이라도
전화	전화라도	지금	지금이라도
물	물이라도	잠깐	잠깐이라도

ex A: 너무 배가 고픈데 냉장고에 먹을 게 하나도 없네.
B: 우유가 있을 거예요. 우유라도 드세요.

ex A: 보고 싶은 뮤지컬이었는데 이제 더 이상 공연을 안 한다고 해요.
B: 정말요? 어떡해요. 이 뮤지컬과 같은 내용으로 만든 영화가 있던데 그 영화라도 볼래요?

ex A: 프랑크 씨, 아직 점심 안 먹었으면 같이 먹으러 갈래요?
B: 미안해요. 곧 회의가 있어서 밥 먹을 시간은 없고 차라도 한잔해요.

ex A: 이번 주말에 친구 집들이에 가기로 했는데 선물을 살 돈이 별로 없어요.
B: 그럼 작은 케이크라도 사 가세요. 집들이에 빈손으로 갈 수는 없잖아요.

ex A: 크리스마스 파티 장소를 아직 못 정했어요. 학교 앞 식당은 이미 예약이 끝났겠지요?
B: 혹시 모르니까 전화라도 한번 해 보지그래요.

ex A: 엄마, 배고파요. 밥 주세요.
B: 오늘 너 늦게 들어온다고 해서 밥을 안 했는데 라면이라도 끓여 줄까?

ex A: 아버님, 어머님. 저희 이제 가 볼게요. 건강하시고요.
B: 그래라. 멀어서 얼굴은 자주 못 보니까 소식이라도 자주 전해 줘.

ex A: 교수님께서 과제를 11시까지 이메일로 제출하라고 하셨는데 11시가 넘었으니까 지금 보내도 소용없겠지요?
B: 늦었지만 지금이라도 얼른 보내세요.

Focus Plus

- (이)라도 is attached to an adverb and can be used for expressions such as 늦게라도, 짧게라도, 간단하게라도, and 가끔이라도.

ex A: 미안해. 오늘 파티에 못 갈 것 같아.
B: 정말? 네가 안 오면 모두들 기다릴 거야. 늦게라도 올 수 없어?

ex A: 소영아, 이번에도 장학금을 받았다면서? 공부 잘하는 비결 좀 알려 줘.
B: 특별한 비결은 아닌데 난 그날 수업에서 배운 것은 짧게라도 꼭 복습을 하거든. 그게 공부에 도움이 많이 되는 것 같아.

- (이)라도 can be attached to some interrogatives in the form of 누구라도, 뭐라도, 언제라도, and 어디라도. It indicates that whatever the case, the situation is the same.

ex A: 내가 너무 심했나? 나 때문에 영민 씨가 많이 당황했겠지?
B: 아니야. 그런 상황에서는 누구라도 화를 냈을 거야. 너무 신경 쓰지 마.

ex A: 민호 씨, 미안해요. 많이 기다렸지요? 언제 출발할까요?
B: 저는 언제라도 좋아요. 흐엉 씨 괜찮은 시간에 갑시다.

- (이)라도 is attached to a postposition to form expressions such as 에라도, 에서라도, (으)로라도, 까지라도, and 부터라도.

ex A: 이번 주 토요일에 특별한 계획이 있어요? 같이 놀이동산에 갈래요?
B: 미안해요. 약속이 있어서 놀이동산에는 못 갈 것 같은데 저녁에 잠깐 공원에라도 갈래요?
A: 그래요. 그럼 공원에서 산책이라도 해요.

Answers

① A: 유키 씨, 뭐 먹을래요?
B: 음, 해물 스파게티요.
A: 어, 그런데 이 식당에서는 해물 스파게티를 안 파네요. 크림 스파게티라도 먹을래요?
B: 네, 좋아요.

② A: 유키 씨, 무슨 색 커플 티셔츠를 살래요?
B: 음, 분홍색이요.
A: 어, 그런데 분홍색 티셔츠는 다 떨어졌네요. 흰색 티셔츠라도 살래요?
B: 네, 좋아요.

③ A: 유키 씨, 몇 시 영화를 예매할까요?
B: 음, 6시 영화가 어때요?
A: 어, 그런데 6시 영화는 매진됐네요. 8시 영화라도 볼래요?
B: 네, 좋아요.

④ A: 유키 씨, 지금 영화관 자리를 고르고 있는데요. 어디에 앉을래요?
B: 영화관 맨 뒷줄이 어때요?
A: 어, 그런데 맨 뒷줄은 자리가 없네요. 그 앞줄에라도 앉을래요?
B: 네, 좋아요.

⑤ A: 유키 씨, 우리 언제 만날래요?
B: 음, 다음 주 토요일은 어때요?
A: 미안해요. 다음 주 토요일에는 선약이 있어요. 일요일에라도 볼래요?
B: 네, 좋아요.

Vocabulary & Expression

놓고 나오다

놓고 나오다 means ***to leave (something) behind***. It indicates one has left something behind at some place. It is used when one has forgotten an article or lost it. Depending on the situation and place, expressions such as 놓고 오다 or 놓고 내리다 can be used.

ex A: 제이슨 씨, 왜 이렇게 전화를 안 받아요? 세 번이나 전화했어요.
B: 죄송해요. 아침에 늦게 일어나는 바람에 정신이 없어서 휴대 전화를 집에 놓고 나왔어요.

Script

(1) Mari — Jason, where are you?
Jason — I'm in front of Shinchon Theater. Where are you?
Mari — I'm still on the bus. I'm really sorry but I'll be about ten minutes late. I left my wallet at the office, so I had to go back and get it. I tried not to be late. I'm sorry.
Jason — Ah, okay. I'll wait for you. Be quick.

(2) Lee Sora — Hello?
Park Yeongmin — Yes, it's me.
Lee Sora — Do you know what day it is today?
Park Yeongmin — Um? Should I know? What day is it today?
Lee Sora — You really don't know?
Park Yeongmin — Ah! It's your birthday today. I was aware of it, but I forgot for a moment. I'm sorry.
Lee Sora — Yeongmin! How could you forget my birthday?
Park Yeongmin — I'm so sorry. My section chief told me to finish something by the end of this week, so I've been really busy these days. Do you want to meet after work?
Lee Sora — No. Forget it.

(3) Kim Jeongwu — Hello?
Liping — Jeongwu, where are you?
Kim Jeongwu — Ah, I'm at home. I just woke up.
Liping — You're at home? How could you just wake up? You were supposed to go to a friend's wedding with me today. Don't you remember? I'm already at Shinchon station.
Kim Jeongwu — Ah! Was your friend's wedding today? I'm sorry. A colleague suggested we have a drink and I stayed out till late. So I couldn't get up this morning. I'll leave right away.
Liping — Jeongwu! Why do you keep doing this when there's something important? It's my best friend's wedding. I told you over and over again that you had to come with me. I told all my other friends that you would be coming...
Kim Jeongwu — Um... I'm really sorry. I'll get ready right now and go. Just wait a little while.
Liping — Then come straight to the wedding venue. I'll wait for you there. Call me when you arrive.

Answers

(1) ④ The woman left her wallet at the office and had to go back to get it.

(2) ③ The man's section chief told him to get the work done by the end of the work and had been very busy, which was why he forgot the woman's birthday.

(3) ④ The man overslept and was not able to meet the woman on time, so the woman told him to come straight to the wedding venue.

p.141

Vocabulary & Expression

도대체 왜 그래요?

도대체 왜 그래요? means ***why on earth are you acting that way?*** It is used when one cannot understand the other person's behavior and wants to know the reason or to complain. 도대체 means "why on earth?" It is generally used in a question.

ex A: 담배를 끊기로 했는데 또 피우면 어떻게 해요? 도대체 왜 그래요?
B: 미안해요. 이제는 정말 안 피울게요.

ex A: 도대체 제 남자 친구는 왜 그러는지 모르겠어요.
B: 무슨 일이에요? 제가 들어 줄게요. 이야기해 보세요.

ex A: 이제 곧 영화 시작하겠다. 근데 정우는 아직 안 왔어? 오늘도 늦게 온다고 연락 왔어?
B: 몰라. 방금 연락해 봤는데 전화도 안 받아.
A: 정우는 도대체 왜 이렇게 매일 늦을까? 연락이 없으니까 우리라도 먼저 들어가자.

Dialogue

Liping	Jeongwu, why are you so late? You're not answering your phone either. The movie's already started.
Kim Jeongwu	I'm sorry. I intended to be early but suddenly a meeting came up and I couldn't get away from work.
Liping	Then why didn't you call and tell me?
Kim Jeongwu	I wanted to call but it was hard to get up in the middle of the meeting. I'm sorry I didn't contact you first.
Liping	You could have sent me a text message at least. Why on earth do you act that way? You're late every time we meet.
Kim Jeongwu	What do you mean? When was I late before?
Liping	You really don't know? You're always late.
Kim Jeongwu	I can't help it. I have too much to do at work. You don't know how busy I am at the office.
Liping	Still. You've been late too often.
Kim Jeongwu	I'm really sorry. I will definitely not be late next time.
Liping	Really? I'll take your word for it.
Kim Jeongwu	Thanks. Liping, you really wanted to see this movie, didn't you? Do you want to wait to see it in the next session?
Liping	Okay. Let's do that.

Grammar Focus

-(으)ㄹ 텐데 is used when one is fairly certain of a particular fact or situation and makes a suggestion based on his/her judgement. The preceding and following clauses are related or contrasting in content. When guessing about a past event -았/었을 텐데 is used.

Basic form	-(으)ㄹ 텐데	-았/었을 텐데
아프다	아플 텐데	아팠을 텐데
맛있다	맛있을 텐데	맛있었을 텐데
먹다	먹을 텐데	먹었을 텐데
친구이다	친구일 텐데	친구였을 텐데
선생님이다	선생님일 텐데	선생님이었을 텐데

ex A: 늦게까지 회의를 하면 출출할 텐데 간식이라도 먹으면서 할까요?
B: 네. 그럼 제가 지금 나가서 먹을 것 좀 사 올게요.

ex A: 4시에 영민 씨를 만나기로 했는데 벌써 4시 10분이에요. 시간이 없어서 그냥 가야 할 것 같아요.
B: 회의가 방금 끝났을 거예요. 곧 돌아올 텐데 만나고 가세요.

ex A: 여보, 오늘 소라가 병원에서 주사를 맞았다면서요? 많이 울었어요?
B: 아니요. 주사가 많이 아팠을 텐데 잘 참았어요.

ex A: 아키라 씨한테 답장이 왔어요?
B: 아니요. 아키라 씨가 제 이메일을 분명히 읽었을 텐데 아직 답장이 없어요.

Focus Plus

- -(으)ㄹ 텐데 cannot be used with -겠-.

  ex 저녁에 아마 비가 올 텐데 우산 꼭 챙겨 가세요. (○)
  저녁에 아마 비가 오겠을 텐데 우산 꼭 챙겨 가세요. (×)

- The sentence may simply end with -(으)ㄹ 텐데(요).

  ex A: 이번 주에는 시험이 있어서 뮤지컬 보러 같이 못 갈 것 같아요.
  B: 이번 공연에는 유명한 배우들이 많이 나와서 이런 기회를 놓치면 후회할 텐데요.

Answers

① 여행 가방 안에 짐이 많아서 가방이 무거울 텐데 필요 없는 짐을 빼세요.

② 어제 밤을 새워 일해서 많이 피곤할 텐데 오늘은 일찍 퇴근하세요.

③ 퇴근 시간에는 차가 많아서 길이 막힐 텐데 지하철을 타고 가는 게 어때요?

④ 아직 식사를 못 해서 배가 고플 텐데 빵이라도 먹을래요?

⑤ 하루 종일 시험공부를 해서 머리가 아플 텐데 잠깐 머리를 식히세요.

Grammar Focus

–아/어 버리다 means that a certain action has already completely ended. It is used to emphasize a situation where there is nothing left to speculate. It is used to reveal one's feelings about the action or situation that is completely over. These are generally feelings of regret, disappointment, or a sense of loss or emptiness. It is also used to express a sense of relief or ease of mind. It is attached only to a verb.

Basic form	–아/어 버리다	Basic form	–아/어 버리다
가다	가 버리다	먹다	먹어 버리다
끝나다	끝나 버리다	찢다	찢어 버리다
떠나다	떠나 버리다	울다	울어 버리다
정리하다	정리해 버리다	잃다	잃어버리다

ex A: 영민아, 왜 이렇게 늦게 왔어? 엄마가 계속 걱정했잖아.
B: 엄마, 죄송해요. 버스에서 잠이 드는 바람에 종점까지 가 버렸어요. 그래서 집까지 걸어 왔어요.

ex A: 마리, 지난주에 내가 이야기해 준 거 아무한테도 말 안 했지?
B: 비밀이었어? 난 비밀인 줄 모르고 루이한테 말해 버렸는데 어떡해.

ex A: 동생은 먹지도 않았는데 다 먹어 버리면 어떻게 하니?
B: 엄마, 죄송해요. 수진이가 안 먹은 줄 몰랐어요. 지금 가서 다시 사 올까요?

ex A: 여보세요. 제이슨 씨, 무슨 일이에요? 비행기를 못 탔어요?
B: 네. 공항에 가는 길에 교통사고가 나는 바람에 비행기를 놓쳐 버렸어요.

ex A: 하오밍 씨, 산불이 났었나 봐요. 이쪽에만 나무가 하나도 없어요.
B: 네. 2년 전에 큰 산불이 났었는데 그때 모두 타 버렸다고 들었어요.

ex A: 왕치엔 씨, 무슨 좋은 일 있어요? 기분이 좋아 보여요.
B: 지금까지 밀렸던 숙제를 다 해 버려서 그런지 마음이 가볍네요.

ex A: 안나 씨, 머리를 잘랐네요. 잘 어울려요.
B: 날씨가 더워서 짧게 잘라 버렸어요.

Answers

오늘은 참 운이 없는 날이다. 아침부터 늦잠을 잤다. 서둘러서 학교 갈 준비를 하고 버스 정류장으로 달려갔는데 눈앞에서 버스가 출발해 버렸다. 다음 버스가 늦게 오는 바람에 결국 수업에 지각을 했다. 급하게 책을 펴고 전자사전을 책상 위에 꺼내 놓았다. 그런데 그때 내 옆에 앉아 있던 유키가 내 책을 미는 바람에 전자사전이 책상 아래로 떨어져 버렸다. 그래서 내 전자사전은 완전히 망가져 버렸다. 정말 짜증이 나서 울고 싶었다. 유키가 사전이 괜찮냐고 물어봤는데 나도 모르게 유키에게 화내 버렸다. 그때 유키에게 미안했지만 바로 사과하지 못했다. 그래서 친구들과 점심도 먹지 않고 그냥 집에 와 버렸다. 내일은 꼭 유키에게 미안하다고 말하고 사전도 고치러 가야겠다.

Vocabulary & Expression

호감이 가다

호감이 가다 means ***to have a good impression of.*** 호감 is a positive feeling about someone or something. 가다 in this case means one's interest is directed to or one's feelings are open toward someone or something. Related expressions using 가다 are 눈길이 가다 and 관심이 가다.

ex A: 호감이 가는 여자가 있는데 어떻게 하면 좋을까요?
B: 처음부터 관심 있는 것처럼 행동하면 부담스러울 수도 있으니까 먼저 자연스럽게 친해져 보지그래요.

ex A: 여기 있는 물건들은 질이 좋긴 하지만 다 너무 비싸네요.
B: 그렇긴 한데 저는 처음에 질 좋은 물건을 봐서 그런지 비싸도 자꾸 눈길이 가네요.

Script

The letter we'll be reading to you today is from Tomoe living in Daehyeon-dong.

Hello. I'm a housewife from Japan who has been living in Korea for seven years. I want to tell you about the first time I met my husband. It was around a year after I had come to Korea. At the time I was attending a Korean language school and had to get up early every morning. I was a late sleeper, and on the day when I met my husband, I had overslept and was rushing to school. But as I rushed down the stairs at the subway station, I missed my step and fell. Embarrassed, I tried to get up quickly but I couldn't because my foot hurt too much. Just then a man came along, and asking if I was alright, he helped me up. That day I went to school with the man's help. I thanked him and was about to go inside when he asked me for my phone number. I was a bit flustered but happy at the same time. Actually, I had a good impression of the man and wanted to meet him again. From that day we spoke often on the phone and grew closer to each other. People around me often asked how we communicated when we both spoke different languages. And in fact there were a lot of times when we couldn't say what we really wanted to say. So he started to learn Japanese and I studied Korean hard. Two years later, that man became my husband. After we were married, my husband told me that he had fallen in love with me at first sight. When I go down the subway stairs I still think of that day when I first met my husband.

Ah, Tomoe, we bet you speak very good Korean now. Thank you for sending us your story.

Answers

(1) ④ The woman was late for school and fell as she rushed down the stairs at the subway station. A man helped the woman up and fell in love with her at first sight, so he asked her for her phone number. This was how the man and the woman first met.

(2) ② The woman met the man who is now her husband on the subway station stairs, not at work.

Vocabulary & Expression

기가 막히다

기가 막히다 means ***to be unbelievable***. It indicates the sense of being so astonished that one is lost for words and can be used for both good and bad situations. In a negative situation it means that something is so incredible and unpleasant that it is absurd, and in a positive situation it means that something is so wonderful that it is hard to describe with words. In a negative sense the expression 기가 막혀 말도 안 나오다 can be used.

ex A: 유키 씨, 표정이 왜 그래요? 무슨 안 좋은 일 있어요?
B: 제 남자 친구가 저와 만난 지 1년 된 날을 기억 못 해서 제가 속상하다고 했어요. 그런데 그럴 수도 있지 않냐고 하면서 오히려 저에게 화를 내고 가 버렸어요. 정말 기가 막히지 않아요?

ex A: 학교 앞에 새로 생긴 식당 음식이 맛있다는 소문이 있던데 어때요? 창호 씨도 가 봤지요?
B: 네, 그 식당에서 불고기를 먹어 봤는데 맛이 정말 기가 막히더라고요.

Dialogue

Yuki	Are you getting along alright with Jeongwu these days?
Liping	No, we're having a bit of a hard time.
Yuki	Why? Is there a problem?
Liping	I can't understand him at all. He seems to like his friends more than he likes me.
Yuki	Really? Did something happen?
Liping	Well, he was with me yesterday but when his friends called, he just left. Unbelievable, isn't it?
Yuki	Oh my god. That's impossible.
Liping	I was so mad that I told him we should break up.
Yuki	Really? What did he say to that?
Liping	He was taken by surprise, maybe, because he didn't say anything.
Yuki	Doesn't that mean Jeongwu has no idea why you're mad at him? If you break up like this, you're sure to regret it. Why don't you have a good honest talk with him?
Liping	That's sounds good. I'll have to be the one who calls first.

Vocabulary & Expression

한편

한편 means ***on the other hand***. It is used when expressing the opposite view of what has just been said. It is also used with an adjective or a verb in the form of –(으)ㄴ/는 한편. It is generally used in written language.

ex 민수는 합격 소식을 듣고 기뻤다. 한편 걱정스럽기도 했다.

ex 어떤 사람은 매일 가던 길을 똑같이 가는 것을 좋아한다. 한편 매일 똑같은 길을 가는 것을 싫어하는 사람들도 있다.

ex 한국에서는 식사할 때 밥그릇을 식탁 위에 두고 먹는 한편 일본에서는 밥그릇을 손에 들고 먹는다.

살아가는 데

살아가는 데 means ***in terms of living***. 데 in this case indicates some matter or thing, or case. It is attached to a verb in the form of –(으)ㄴ/는 데(에) and means "in doing (something)." 데 means also a place and is attached to an adjective or a verb in the form of –(으)ㄴ/는 데(에).

ex A: 이 세상을 살아가는 데에 가장 소중한 게 뭐라고 생각해요?
B: 글쎄요. 저는 가장 소중한 건 사람마다 다르다고 생각해요.

ex A: 서울에서 도쿄까지 가는 데 비행기로 시간이 얼마나 걸려요?
B: 한 두 시간 정도 걸려요.

ex A: 한국을 여행하려고 하는데 좋은 데가 있으면 추천해 주세요.
B: 제주도 어때요? 물이 맑고 깨끗한 해변뿐만 아니라 경치 좋은 곳도 많아요.

ex A: 한국에서는 여름에 먹는 디저트로 빙수가 그렇게 유명하다면서요?
B: 네. 제가 자주 가는 데가 하나 있어요. 유키 씨가 한국에 오면 우리 같이 가요.

Reading Guide

This passage explains the differences in language used by men and women. Read it to find out the characteristics of language used by men and women respectively and compare and explain the differences. (☞ See 『이화 한국어 3-1』 p.150)

Answers

(1) ② **Men and women have different purposes in speaking. Men speak to convey information while women converse in order to get closer to each other. So men think that once they have said something there is no need to repeat it.**

(2) ③ **돌려서 말하다, 말을 돌려서 하다 means to say something indirectly or in a roundabout way. Speaking one's thoughts frankly and directly is expressed as 직설적으로 말하다.**

–스럽다

p.153

Vocabulary Expansion

–스럽다 is attached to a noun and means to have the feel or qualities of that noun.

사랑스럽다
to be lovely

ex A: 제이슨 씨는 항상 열심히 일하는 것 같아요.
B: 저도 힘들고 지칠 때가 있지요. 그렇지만 아무리 힘들어도 사랑스러운 아내와 아이만 생각하면 다시 힘이 나요.

촌스럽다
to be rustic, to be unfashionable

ex A: 이 줄무늬 원피스를 살까 하는데 어때요?
B: 디자인은 괜찮은데 색깔이 좀 촌스러운 것 같아요.

자랑스럽다
to be proud

ex A: 우리 아들이 이번 글쓰기 대회에서 대상을 받았어요.
B: 축하해요. 아들이 정말 자랑스럽겠어요.

걱정스럽다
to be worrisome

ex A: 희진 씨, 안색이 왜 이렇게 안 좋아요? 무슨 걱정 있어요?
B: 네. 사실은 여행을 한 번도 해 보지 않은 딸이 혼자서 1년 동안 해외여행을 떠난다고 하니까 걱정스러워서요.

장난스럽다
to be mischievous

ex A: 박영민 씨, 진지한 분위기로 진행되는 회의에서 그렇게 장난스러운 말투로 이야기하면 안 됩니다.
B: 네, 죄송합니다. 주의하겠습니다.

복스럽다
to look pleasantly plump

ex A: 제이슨 씨한테 제 동생을 소개해 주고 싶은데 한번 만나 볼래요?
B: 그래요? 동생이 어떻게 생겼는데요?
A: 얼굴이 동그랗고 아주 복스럽게 생겼어요.

자연스럽다
to be natural

ex A: 와, 흐엉 씨. 수영을 진짜 잘하시네요.
B: 어릴 때 집이 바닷가 근처라서 자연스럽게 수영을 배우게 되었거든요.

ex 아이들이 부모의 행동을 보고 그대로 따라하는 것은 자연스러운 일이다.

어른스럽다
to be mature

ex A: 마리 씨, 신입 사원으로 들어온 영민 씨는 어떤 사람이에요?
B: 굉장히 어른스럽고 책임감이 강한 사람이에요.

Vocabulary Check

Part 1 준비합시다 01

- 버스를 놓치다 to miss the bus
- 한잔하다 to have a drink (alcohol)
- 흠뻑 fully, completely
- 저장하다 to save, to store
- 자료 material
- 바이러스에 걸리다 to catch a virus
- 소나기 (rain) shower
- 쏟아지다 to pour down

Part 1 준비합시다 02

- 제시간 on time
- 스파게티 spaghetti
- 크림 cream
- 매진되다 to be sold out
- 맨 뒷줄 last row
- 앞줄 front row
- 가운뎃줄 middle row
- 커플 티셔츠 matching T-shirts
- 떨어지다 to be sold out, to be run out of
- 선약 former appointment

Part 1 들어 봅시다

- 변명하다 to make an excuse
- 부장님 department head

Part 1 말해 봅시다

- 절대로 absolutely
- 부인하다 to deny
- 반박하다 to refute
- 도대체 what on earth, at all
- 일부러 on purpose, deliberately
- 번번이 every time, whenever

Part 2 준비합시다 01

- 미끄럽다 to be slippery
- 조심하다 to be careful
- 밤을 새우다 to stay up all night
- 머리를 식히다 to clear one's head

Part 2 준비합시다 02

- 운이 없다 to be unlucky
- 서두르다 to hurry
- 달려가다 to rush to
- 눈앞 in front of one's eyes
- 급하게 in a hurry
- 꺼내다 to take out
- 밀다 to push
- 떨어지다 to fall, to drop
- 망가지다 to break, to be ruined

Part 2 들어 봅시다

- 헛디디다 to miss one's step
- 일으키다 to raise up
- 부축하다 to support
- 호감이 가다 to be interested in, to have a good impression of
- 연락처 contact number
- 아침잠 morning sleep

Part 2 말해 봅시다

- 불평하다 to complain
- 성급히 in a hurry
- 솔직하게 honestly, frankly
- 당황하다 to be flustered, to be embarrassed

Part 3 읽어 봅시다

- 구체적 specific, concrete

- 돌려서 말하다 to speak in a roundabout way
- 이러하다 (situation) to be such
- 약 medicine
- 인상 깊다 to have a strong impression of
- 직설적 direct
- 가까워지다 to become closer
- 각자 each, respectively
- 대화 방식 way of talking
- 인정하다 to recognize
- 반복하다 to repeat

Part 3 어휘를 늘려 봅시다

- 발끝 tip of the toes
- 디자인 design
- 팀 team
- 행동 action, behavior
- 어리다 to be young, to be immature

Topic Vocabulary

Having a Relationship with the Opposite Sex

- 고백하다 to confess
- 교제하다 to date, to have a relationship with
- 관심이 있다 to be interested in
- 남녀 관계 male and female relations
- 데이트를 거절하다 to turn down
- 데이트를 신청하다 to ask someone out
- 데이트를 하다 to go out on a date
- 사귀다 to go out with, to have a relationship with
- 소개팅하다 to be introduced to (someone to date)
- 연애하다 to be in love
- 연인 lover
- 이별하다 to part
- 이상형 ideal type
- 이성 the opposite sex
- 이성교제 dating, having a relationship
- 장거리 연애 long-distance relationship
- 짝사랑하다 to have a crush on
- 첫눈에 반하다 to fall in love at first sight
- 청혼하다 to propose
- 커플이 되다 to become a couple
- 프러포즈 propose
- 여자 친구와 헤어지다 to break up with one's girlfriend

Glossary

Ⓣ Textbook Ⓢ Study Guide

가게를 이전하다 to relocate a store Ⓢ 79

가까워지다 to become closer Ⓣ 150, 151, 165 Ⓢ 107

가능하다 to be possible Ⓣ 24, 28 Ⓢ 15, 22, 29

가리다 to hide Ⓣ 126 Ⓢ 92

가사 lyrics Ⓣ 47–50, 105, 160 Ⓢ 37, 73

가슴에 와 닿다 to be touching, to be appealing Ⓣ 48, 49 Ⓢ 37

가슴을 울리다 to move one's heart Ⓣ 48 Ⓢ 37

가슴이 뭉클하다 to have a lump in one's throat Ⓣ 46 Ⓢ 36

가슴이 찡하다 to be moved, to be touched Ⓣ 46, 48, 159 Ⓢ 32, 37

가슴이 확 트이다 to feel much relieved Ⓣ 48, 49 Ⓢ 37

가요 Korean pop song Ⓣ 48, 49, 65 Ⓢ 37

가운뎃줄 middle row Ⓣ 139 Ⓢ 106

가입하다 to join Ⓣ 59 Ⓢ 40, 50

각자 each, respectively Ⓣ 150, 151 Ⓢ 107

간결하다 to be simple Ⓣ 105 Ⓢ 73, 78

간식 snack Ⓢ 100

간절하다 to be ardent Ⓣ 135

간지럽다 to be ticklish Ⓢ 91

갈대 reeds Ⓣ 95

감기 기운이 있다 to show symptoms of a cold Ⓣ 83 Ⓢ 38, 56, 64

감동적이다 to be moving, to be touching Ⓣ 45, 46, 48, 159, 160 Ⓢ 32, 36

감미롭다 to be sweet Ⓣ 49 Ⓢ 37

감정을 드러내다 to show one's feelings Ⓢ 37

감정을 억누르다 to hide one's feelings Ⓢ 37

감정이 메마르다 to have no feelings Ⓢ 37

감정이 솟구치다 to become emotional Ⓢ 37

감정이 풍부하다 to have strong feelings Ⓢ 37

감추다 to hide Ⓣ 50, 51 Ⓢ 37

강변 riverside Ⓣ 135

갖추다 to be equipped with Ⓣ 30, 31 Ⓢ 23

개봉하다 to release Ⓣ 105 Ⓢ 30, 73, 78

개업식 (business) opening ceremony Ⓣ 122, 123 Ⓢ 92

개인 individual Ⓣ 29, 154 Ⓢ 23

거래처 client, customer Ⓣ 41, 43 Ⓢ 36, 82, 85

거주지를 찾다 to find a place of residence Ⓢ 79

(피부가) 거칠다 (skin) to be rough Ⓣ 90 Ⓢ 65

건강 검진을 받다 to have a medical checkup Ⓣ 84, 85 Ⓢ 64

검사 examination Ⓢ 10

검은콩 black bean Ⓣ 85 Ⓢ 64

게다가 moreover Ⓣ 62, 63, 90 Ⓢ 34, 50

게시판 notice board, bulletin board Ⓣ 133 Ⓢ 91

겨를이 없다 to have no time for Ⓢ 51

경기 economy Ⓣ 104 Ⓢ 72, 78

경기하다 to play a (sports) match Ⓣ 46 Ⓢ 37

경쟁률 competition ratio Ⓢ 15

경치에 취하다 to be entranced with the scenery Ⓣ 70, 71 Ⓢ 51

곁 side Ⓣ 50 Ⓢ 34

계기 motivation Ⓣ 31, 32 Ⓢ 20, 23

고궁 ancient palace Ⓣ 108, 109, 127, 129 Ⓢ 79

고대 ancient Ⓣ 110, 111 Ⓢ 79

고백하다 to confess Ⓣ 50, 51 Ⓢ 37, 94, 107

고생시키다 to make someone suffer Ⓣ 119 Ⓢ 82, 92

고아원 orphanage Ⓣ 126, 163 Ⓢ 92

고요하다 to be quiet, to be peaceful Ⓣ 155

고향 hometown Ⓣ 38, 40, 55, 73, 93, 99, 100, 106, 109, 115, 159, 162 Ⓢ 24, 29, 68, 70, 87
곡 song Ⓣ 47–49 Ⓢ 37
골목 alley Ⓣ 95, 110, 111 Ⓢ 79
곱다 to be beautiful Ⓣ 135
곳곳 here and there Ⓣ 110, 118 Ⓢ 81, 92
공감 sympathy Ⓣ 21–23 Ⓢ 22
공고 public notice Ⓣ 127, 129 Ⓢ 89, 92
공고가 나다 to have a public notice put up Ⓣ 129 Ⓢ 92
공기가 탁하다 the air is thick Ⓣ 100, 162 Ⓢ 69, 78
공연 concert Ⓣ 60, 66–69, 73, 98, 158, 162 Ⓢ 29, 47, 51, 78, 96, 100
공지하다 to make a public notice Ⓢ 93
공해 air pollution Ⓣ 102, 103 Ⓢ 78
공해가 심하다 the pollution is serious Ⓣ 99 Ⓢ 78
과로하다 to overwork Ⓣ 88, 89 Ⓢ 65
과식하다 to overeat Ⓣ 84 Ⓢ 64
과학 science Ⓣ 99 Ⓢ 78
관광객 tourist Ⓣ 108, 109 Ⓢ 79
관람객 spectator Ⓣ 104 Ⓢ 78
관람료 admission fee Ⓣ 98 Ⓢ 78
관련되다 to be related to Ⓣ 30, 31 Ⓢ 20, 23
관심을 가지다 to take an interest in Ⓣ 26, 30, 32, 85, 106, 158 Ⓢ 20, 22, 75
관심이 있다 to be interested in Ⓣ 86, 105, 127, 160–162 Ⓢ 75, 107
관찰 observation Ⓣ 35
광고물을 붙이다 to post an advertisement Ⓢ 79
괴롭다 to be suffering Ⓣ 38, 51 Ⓢ 24, 36
굉장히 very, greatly Ⓢ 105
교류 exchange Ⓣ 30, 114, 159 Ⓢ 20, 23
교수 professor Ⓣ 24 Ⓢ 15, 22, 63, 91, 96
교제하다 to date, to have a relationship with Ⓢ 107
교환 학생 exchange student Ⓣ 26, 129, 158 Ⓢ 22
구체적 specific, concrete Ⓣ 150, 151 Ⓢ 106
국화 chrysanthemum Ⓣ 95
군대에 가다 to join the army, to do one's military duty Ⓣ 79 Ⓢ 64
굽 heel Ⓢ 26
권리 right(s) Ⓣ 33 Ⓢ 23
귓속말 whisper Ⓣ 95
그냥 just, simply Ⓣ 43, 63, 83, 110, 145, 159 Ⓢ 12, 15, 24, 26, 38, 39, 43, 72, 79, 84, 94, 100
그늘 shade Ⓣ 155
그대로 따라하다 to follow exactly Ⓢ 105
그때그때 according to circumstances Ⓣ 22, 23, 90, 91 Ⓢ 22
근교에 거주하다 to live in the suburbs Ⓢ 79
근사하다 to be wonderful, to be great Ⓣ 135
근원 source, root, origin Ⓣ 90, 91 Ⓢ 65
근육 muscle Ⓣ 90 Ⓢ 65
근육질 muscularity Ⓢ 21
근황을 묻다 to ask of recent news Ⓢ 93
긁다 to scratch Ⓢ 91
금반지 gold ring Ⓣ 122, 123 Ⓢ 92
금이 가다 to crack Ⓣ 115
급하게 in a hurry Ⓣ 145, 164 Ⓢ 71, 94, 101, 106
급하게 먹다 to eat quickly/hurriedly Ⓢ 94
긍정적 positive Ⓣ 33, 113 Ⓢ 23, 77
기념 anniversary, memorial Ⓣ 55, 58 Ⓢ 38, 50
기능 function Ⓣ 79 Ⓢ 54, 54

물리치료 physiotherapy Ⓣ 89 Ⓢ 65
물리학 physics Ⓢ 63
미끄럽다 to be slippery Ⓣ 144 Ⓢ 106
미소 smile Ⓣ 30, 31 Ⓢ 23
밀다 to push Ⓣ 145 Ⓢ 106
바둑 두기 to play baduk, to play go Ⓣ 63 Ⓢ 50
바람을 쐬다 to go on an outing Ⓣ 42, 43 Ⓢ 36
(약을) 바르다 to apply (ointment) Ⓣ 80, 161 Ⓢ 55, 64
바이러스에 걸리다 to catch a virus Ⓣ 138 Ⓢ 95, 106
박사 Ph.D. holder, Dr. Ⓣ 55, 133, 161 Ⓢ 93
반납하다 to return Ⓣ 19 Ⓢ 12, 22, 43
반박하다 to refute Ⓣ 141–143 Ⓢ 106
반복되다 to be repeated Ⓣ 67, 69 Ⓢ 48, 51
반복하다 to repeat Ⓣ 150, 151 Ⓢ 107
반이 열리다 to have a class open Ⓣ 29 Ⓢ 19, 23
반지를 맞추다 to order a ring Ⓣ 58 Ⓢ 38, 50
반짝거리다 to shine, to twinkle Ⓣ 55
반짝이다 to shine Ⓣ 155
발끝 tip of the toes Ⓣ 153 Ⓢ 107
밤을 새우다 to stay up all night Ⓣ 84, 144 Ⓢ 106
방울 drop Ⓣ 155
방해가 되다 to be a disturbance Ⓣ 20, 158 Ⓢ 22
배려하다 to show consideration Ⓣ 33 Ⓢ 23
밴드 band Ⓣ 48, 49, 63, 74 Ⓢ 50
버스를 놓치다 to miss the bus Ⓣ 138 Ⓢ 95, 106
번거롭다 to be complicated, to be bothersome Ⓣ 130, 131 Ⓢ 90, 93
번번이 every time, whenever Ⓣ 142, 143, 164 Ⓢ 106
번지 street number Ⓣ 115
벗기다 to strip, to take off Ⓣ 78, 80, 161 Ⓢ 53, 64
벼룩시장 flea market Ⓣ 39 Ⓢ 26, 36
변명하다 to make an excuse Ⓣ 140–143 Ⓢ 98, 99, 106
변비 constipation Ⓣ 85 Ⓢ 59, 64
별 떨기 star cluster Ⓣ 55
보고서 report Ⓣ 79 Ⓢ 28, 47, 54, 56, 64, 70, 95
(아기를) 보다 to take care of (baby) Ⓣ 82, 83 Ⓢ 64
보람 satisfaction, worthiness Ⓣ 59 Ⓢ 40, 50, 66
보수가 적다 to receive low pay Ⓣ 44 Ⓢ 29, 36
보일러 boiler Ⓢ 12, 25
보호하다 to protect Ⓣ 59 Ⓢ 40, 50
복구 restoration, recovery Ⓢ 66
복도 hallway, aisle Ⓢ 24, 30
복용하다 to take Ⓣ 39 Ⓢ 26, 36
본격적 full-scale, full-fledged Ⓢ 20, 71
본래 originally Ⓣ 115, 133
본분 one's position, one's duty Ⓢ 21
볼거리 things to see Ⓣ 109, 110, 112, 163 Ⓢ 76, 79
볼일 보다 to take care of chores, to do one's business Ⓣ 82, 83 Ⓢ 64
봉사 활동 volunteer work Ⓣ 126–129, 164 Ⓢ 49, 63, 66, 92
부담스럽다 to be burdensome Ⓣ 123, 125, 162 Ⓢ 25, 84, 87, 92, 102
부담이 되다 to be a burden Ⓣ 18 Ⓢ 11, 22, 34, 70
부담이 없다 to be free of burden Ⓣ 50 Ⓢ 34, 37
부시다 to be dazzling Ⓣ 155
부인하다 to deny Ⓣ 141–143 Ⓢ 106
부장님 department head Ⓣ 85, 140, 142 Ⓢ 15, 56, 95, 106
부쩍 remarkably Ⓢ 77
부축하다 to back/help (a person) up Ⓣ 146 Ⓢ 106

약 medicine Ⓣ 150, 151, 161 Ⓢ 15, 16, 55, 67, 107

얌전하다 to be gentle, to be quiet Ⓢ 21

양서 good book Ⓣ 95

어깨 shoulder Ⓣ 84, 120, 163 Ⓢ 57, 92

어디쯤 where Ⓣ 135

어리다 to be young, to be immature Ⓣ 35, 93, 153 Ⓢ 107

어색하다 to be awkward Ⓣ 22, 23, 34 Ⓢ 22

어울리다 to suit (each other) Ⓣ 50, 61–63 Ⓢ 26, 37, 84, 101

어학 language study Ⓣ 26, 158 Ⓢ 22

언짢다 to feel bad Ⓣ 42, 43 Ⓢ 36

업무 work, business, task Ⓣ 84 Ⓢ 47, 49, 57, 64, 72

에너지가 넘치다 to be overflowing with energy Ⓣ 100, 162 Ⓢ 78

여가 시간을 활용하다 to make use of leisure time Ⓢ 51

여가를 누리다 to enjoy leisure Ⓢ 51

여러모로 in many ways Ⓣ 128, 129 Ⓢ 92

여럿이 several people Ⓣ 63, 129 Ⓢ 50, 89

여자 친구와 헤어지다 to break up with one's girlfriend Ⓣ 38 Ⓢ 24, 107

여행객 tourist, traveler Ⓣ 110, 111 Ⓢ 79

여흥을 즐기다 to enjoy an entertainment Ⓢ 51

연구 결과 research results Ⓣ 90, 91, 162 Ⓢ 62, 65

연구원 research fellow Ⓣ 130, 164 Ⓢ 93

연기 acting Ⓣ 44, 46, 160 Ⓢ 14, 29, 36

연기되다 to be delayed, to be postponed Ⓣ 73 Ⓢ 51

연락처 contact number Ⓣ 71, 146 Ⓢ 106

연말 year end Ⓣ 126 Ⓢ 92

연애하다 to be in love Ⓢ 107

연인 lover Ⓣ 50, 135 Ⓢ 107

연장 extension Ⓣ 24 Ⓢ 15, 22

연정 love, feelings for someone Ⓣ 135

연휴 holiday Ⓣ 107, 109 Ⓢ 39, 49, 79

열량 calories Ⓣ 88, 89 Ⓢ 65

영양제 nutritional supplement Ⓣ 85 Ⓢ 64

영향 influence, effect Ⓣ 31, 94 Ⓢ 23

예방하다 to prevent Ⓣ 86, 88, 89, 161 Ⓢ 39, 59, 60, 65

예의 바르다 to be courteous Ⓣ 33 Ⓢ 23

오락 시설을 확충하다 to expand recreation facilities Ⓢ 51

오케스트라 orchestra Ⓣ 66, 74, 100 Ⓢ 50

온라인 online Ⓣ 27, 29 Ⓢ 23

완전히 completely Ⓣ 30, 31, 145 Ⓢ 23, 101

외국어가 능통하다 to be competent in a foreign language Ⓢ 23

외국인등록증을 발급받다 to have an alien registration card issued Ⓢ 23

외동딸 only daughter Ⓣ 30 Ⓢ 20, 23

요리법 cooking method Ⓣ 19 Ⓢ 12, 22

우승을 하다 to win first place Ⓣ 118 Ⓢ 81, 92

우연히 by chance, coincidentally Ⓣ 130 Ⓢ 93

우울하다 to be depressed Ⓣ 38, 39, 41–43, 65 Ⓢ 24, 28, 36

우정 friendship Ⓣ 50, 160 Ⓢ 37

운이 없다 to be unlucky Ⓣ 145 Ⓢ 101, 106

워낙 by nature, very Ⓣ 130, 131 Ⓢ 93

위험 danger, risk Ⓣ 87–89 Ⓢ 65

위협 threat Ⓣ 120 Ⓢ 92

유난히 unusually Ⓣ 130, 131 Ⓢ 93

유머 humor Ⓣ 120 Ⓢ 92

유모차 pram, stroller Ⓣ 78 Ⓢ 53, 64

체험 experience Ⓣ 26, 108, 158 Ⓢ 22, 76
초순 beginning Ⓣ 104 Ⓢ 72, 78
촬영지 shooting location Ⓣ 110, 111 Ⓢ 79
최신 latest Ⓣ 65 Ⓢ 50
추억 memories Ⓣ 70, 71, 105, 110, 111, 163 Ⓢ 30, 38, 51, 73
추억거리 material for memories Ⓣ 110, 111 Ⓢ 79
추억하다 to reminisce Ⓣ 58 Ⓢ 50
추위를 타다 to feel the cold Ⓣ 130, 131 Ⓢ 90, 91, 93
추천서 recommendation letter Ⓣ 20, 24, 158 Ⓢ 15, 22, 70
축제 festival Ⓣ 106, 118, 162, 163 Ⓢ 74, 76, 78, 81
축제가 열리다 to have a festival start Ⓣ 118 Ⓢ 81, 92
출장 business trip Ⓣ 85, 124 Ⓢ 64, 86, 87
출출하다 to feel a little bit hungry Ⓢ 25, 100
충분하다 to be enough Ⓣ 25 Ⓢ 17, 22
충분히 fully Ⓣ 30, 31 Ⓢ 23
취업 employment Ⓣ 101, 103 Ⓢ 70, 78
취향 tastes, preferences Ⓣ 60, 63 Ⓢ 50
치아 교정 straightening teeth Ⓢ 91
치아가 가지런하다 to have straight/even teeth Ⓢ 91
칼슘 calcium Ⓣ 89 Ⓢ 65
커플 티셔츠 matching T-shirts Ⓣ 139 Ⓢ 97, 106
커플이 되다 to become a couple Ⓢ 107
콘도 condominium Ⓣ 64 Ⓢ 44, 50
콜레스테롤 cholesterol Ⓣ 86 Ⓢ 65
콧노래를 부르다 to hum happily Ⓣ 40, 159 Ⓢ 27, 36
크림 cream Ⓣ 139 Ⓢ 25, 97, 106
클럽 club Ⓣ 60, 160 Ⓢ 31, 50
탄력 elasticity Ⓢ 52
탄산음료 carbonated drink Ⓣ 88, 89 Ⓢ 65
탈모 hair loss Ⓢ 52, 59
탈피하다 to escape from Ⓣ 70 Ⓢ 48, 51
태우다 to burn Ⓣ 78 Ⓢ 53, 64
털옷 fur clothes Ⓣ 95
통증 pain Ⓣ 120, 163 Ⓢ 92
트럼펫 trumpet Ⓣ 66, 160 Ⓢ 46, 50
특성 characteristic, trait Ⓣ 33, 106 Ⓢ 78
팀 team Ⓣ 118, 153 Ⓢ 81, 107
파도 waves Ⓣ 95
팥빙수 patbingsu, shaved ice with sweet red bean topping Ⓢ 42
펜션 pension Ⓣ 64 Ⓢ 44, 50
평소 usually, at normal times Ⓣ 81, 88, 89, 114, 127, 129, 149, 161 Ⓢ 28, 35, 65
평이 좋다 to receive critical acclaim Ⓣ 105 Ⓢ 73, 78
평화 peace Ⓣ 115
포기하다 to give up Ⓣ 46, 159 Ⓢ 37, 63
포함되다 to be included Ⓣ 70, 71, 94, 161 Ⓢ 51
폭설 heavy snow Ⓣ 118 Ⓢ 81, 92
푸석거리다 to make a dry sound Ⓣ 75
풍기다 to smell, to give off a smell Ⓣ 95
프러포즈 propose Ⓣ 38 Ⓢ 107
피곤해하다 to be tired Ⓣ 87, 89, 93 Ⓢ 58, 63, 65
피로 fatigue Ⓣ 90, 91 Ⓢ 39, 65
피로감 tiredness Ⓣ 90 Ⓢ 62
피부 미용 skincare Ⓣ 59, 86, 161 Ⓢ 50
하늘 sky Ⓣ 55, 99 Ⓢ 48, 68, 78
하늘거리다 to sway Ⓣ 70 Ⓢ 51
학비 tuition Ⓣ 98 Ⓢ 78
한가하다 to be at leisure Ⓣ 131 Ⓢ 80, 93
한결 more Ⓢ 35, 91

흠뻑 fully, completely Ⓣ 138 Ⓢ 48, 95, 106

흥미진진하다 to be exciting Ⓣ 46, 70, 160 Ⓢ 36

흥얼거리다 to hum Ⓣ 65 Ⓢ 27, 45, 50

흩어버리다 to scatter, to disperse Ⓣ 75

힘들다 to be hard Ⓣ 39, 44, 50, 63, 84, 93, 103, 104, 125, 144, 147, 149, 150, 158, 159, 162 Ⓢ 11, 21, 24, 29, 34, 36, 45, 46, 49, 51, 66, 72, 82, 87, 105

About the Authors

박진철 Park Jin Chul

이화여자대학교 언어교육원 전임강사
Full-Time Instructor of ELC, Ewha Womans University

연세대학교 한국학협동과정 박사과정
ABD. in Korean Studies, Yonsei University

이소연 Soh Yon Lee

이화여자대학교 언어교육원 강사
Instructor of ELC, Ewha Womans University

이화여자대학교 국제대학원 한국학과 한국어교육전공 석사
M.A. in Teaching Korean as a Foreign Language in Korean Studies, Ewha Womans University

이승은 Lee Seung Eun

전 이화여자대학교 언어교육원 전임강사
Former Full-Time Instructor of ELC, Ewha Womans University

이화여자대학교 국제대학원 한국학과 한국어교육전공 박사 수료
ABD. in Korean Studies, Ewha Womans University